通常の学級

苦手さのある子への
学びの
**サポートツール
&
アイデア**

佐藤 義竹 著

JN198364

明治図書

■ はじめに —私が大切にしている 4 つのこと

1 了解性

　私は2017年度から専任の特別支援教育コーディネーターとして，近隣の幼稚園や小学校を対象にコンサルテーションや研究会の協力などに取り組んでいます。特別支援教育コーディネーターとして初めての業務を迎える日は，かなりの緊張感や不安感がありました。そんな中でも上司や先輩教師の姿勢からコーディネーターとして必要な見方や考え方を学び，今日を迎えることができたことに感謝しています。

　ある時，その上司からインクルーシブ教育システムの推進には「クラスの了解性を高めることが大切である」という話を聞きました。私なりに解釈すると児童生徒一人一人がお互いの考えを尊重し，相互理解を深めること（＝了解性）により，教室には多様性が育まれていくというものです。そのために教師は児童生徒の実態に応じた環境調整や前向きな活動機会の確保が求められているのではないかと思います。

2 私も OK，あなたも OK

　特別支援教育では教育的ニーズを有する児童生徒への指導や支援を進める際，実態把握をもとにした「目標」とそのために必要な「手立て」を考えます。そして児童生徒の姿から目標と手立てを振り返り，「達成（〜できた）」と評価した場合は，次の目標を設定するというように段階的に教育的支援を展開します。なお達成できなかったと判断される場合は，目標や手立てが教育的ニーズに合致していなかったと考え，目標や手立ての改善に繋げます。

　1つの方法に縛られない柔軟性のある発想は，多様性を保障し，お互いの前向きな姿に触れ合う機会にもなります。まさに「私も OK，あなたも OK」という発想に通じる部分があるのではないかと思います。このような視点が

クラス内の了解性を育み，豊かな人間関係の形成に繋がると言えます。

3 コラボレーション

　本書は特別支援教育について，特に私のコンサルテーションの経験をもとにまとめたものです。紹介している考え方や手立ては絶対的なものではありません。大事にしてほしいことは，目の前の児童生徒にとってどのような手立てが考えられるか，そして実践後に効果を確かめることです。各学校教育が培ってきた文化や視点があると思います。そこに少し特別支援教育の発想を付け加えるだけで，指導や支援の選択肢は広がっていくはずです。

　小学校教育や特別支援教育というように，学校種ごとに教育観などが分けられる部分もありますが，「ＡかＢどちらか一方」ではなく，ぜひ「ＡとＢのコラボレーション」の視点を大切にしてほしいと思います。児童生徒に応じて，各学校種が培ってきた実践のよいところ・強みを組み合わせたり創造したりしながら指導や支援に生かしてほしいと思います。

4 普段の実践を振り返ること

　多様な実態が見られる学級でも，自然と児童生徒が認め合ったり関わり合ったりする様子が見られているクラスがたくさんあり，そこには担任の先生の思いや願いをもとにした様々な工夫があります。先生と話をしてみると，決して特別支援教育の視点を学級運営や授業づくりに反映しようと狙って取り組んだものばかりではありません。後から「これって特別支援教育の視点に似ている」と気付くことも多くあります。ぜひ本書を読み進める中で，普段の実践のよいところ，特に児童生徒の「できた」「わかった」に繋がったポイントはどこだったのかという視点で自身の実践を振り返ってください。

2024年12月

佐藤　義竹

■ 目次

1

通常の学級で苦手さのある子の学びを支える**視点**

1 教室環境の視覚化

見てわかる，見て確認できる環境を整える

　特別支援教育の視点とは何かを考えた時，私の中で最初に浮かぶのは「視覚化」です。視覚化を意識した伝え方や具体的な教材は，子供たちの「わかった」「できた」を支える大事な視点であると言えます。

　初めから特別支援教育における視覚化として話を進めると，専門用語のように難しく感じたり敬遠したりする場合もあるかもしれませんので例を挙げてみます。

　例えば下のイラストの黒板には本時の予定が書かれています。文字のみで見通しを示していますが，学習集団の実態に応じて絵のみ，絵と文字を組み合わせるなど複数の選択肢があります。多くの学級で工夫されている「見通しをもち進んで授業に参加するための具体的な手立て」の1つです。このように普段の実践から考えてみると，視覚化は私たちにとって身近な視点であると言えます。

今日の予定
①めあての確認
②考え，まとめてみる
③グループで話し合う
④発表する
⑤振り返りをする

私たちの生活の中にも視覚化はある

移動する時の視覚化

例えば目的地に向かう場面を考えてみましょう。初めて行く場所であれば，建物の目印になる外観や位置を知ろうと事前にインターネットで検索します。また，電車を乗り継いで目的地に向かう時は，事前にアプリを使ってルート検索をすることが多いのではないでしょうか。目的地の最寄り駅まで，どの駅を通過するのかまで詳しくわかります。また，乗車中もアプリに表示された駅と通過した駅が合っていれば，安心して車内で過ごすことができます。

私たちの生活にある視覚化から考えることが大切

移動場面を例に少し考えてみたように，視覚化は私たちの生活を支えてくれる大事な視点です。特別なものではなく，皆が視覚化に触れながら生活しています。特別支援教育の中で考える際も，「〇〇障害があるから視覚化が大切」ではなく，子供の目指したい姿に繋げるために視覚化から環境を考えることが大切です。私たちの指導や支援の中心には子供がいます。そして，子供の目指したい姿（指導目標）のための１つの視点として視覚化を用いるようにしてほしいと考えています。

例えば「生活に見通しをもち進んで取り組むことができるように，絵カードなどを使ったスケジュールを活用する」というように，絵カードが視覚化を具体化した手立てになります。絵カードだけでなく文字も大事な視覚化の要素です。授業中に取り組む課題を簡単に板書する，次の授業の準備物を黒板の端に板書するなど，書き示しておくことも同じです。黒板に書いてあれば，自分で確認して課題に取り組む児童生徒が多くなることが期待できます。また，「あそこに書いてあるから，自分で見てごらん」というように先生の具体的な言葉かけにも繋がるはずです。

2 活動環境の構造化

一連の内容がわかり，進んで取り組むことができる環境を整える

　前項では視覚化について説明をしました。本項で取り上げる構造化も，次項の共有化もそれぞれを明確に区別することは難しく，３つの視点はグラデーションのような関係だと捉えてみてください。

　私が考える構造化とは，一連の活動内容がわかり，進んで取り組むことができる環境にすることです。写真（左）の「切符とお金を入れる」という課題もバスの乗車に関する活動の１つです。課題を視覚的に捉えやすくすることに加えて，写真（右）のように乗車から降車までの一連の活動を構造的にわかりやすくしたものが構造化の実践になります。

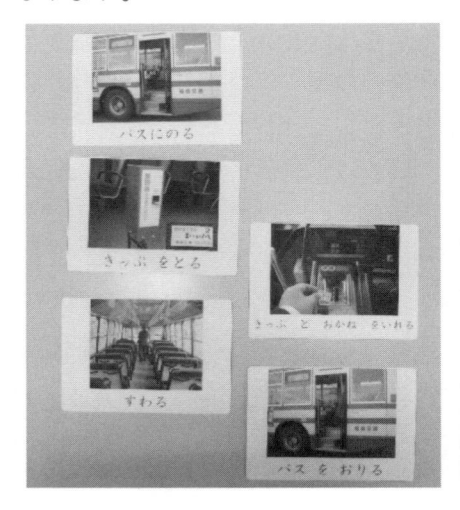

私たちの生活や実践の中にも構造化はある

動線をイメージすること

　構造化の１つとして動線について考えてみると，私たちの生活にも密接に関わっていることがわかります。例の１つが，住まいの間取りです。どこから家に入り，どのような動線で過ごすか，動線が重なっても過ごしやすい間取りになっているかなど，イメージすることはないでしょうか。

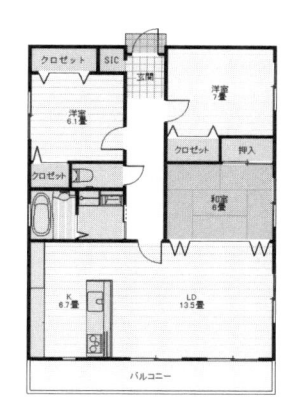

　教室環境も同じです。教卓や児童生徒用の机などの配置から，教師や児童生徒の動きを考えて教室空間を整えます。

指導案での工夫

　学習指導案を作成する際には「配置図」や「教室環境」などの項目があります。そこには，授業の流れに沿って活動環境がどのように推移するかを図で示します。教師の立ち位置や児童生徒一人一人の机の配置など，授業準備の段階で活動に応じて様々なシミュレーションをして当日の授業を迎えると思います。

　教師にとっては授業がより円滑に進行するための工夫であり，児童生徒にとっては学習に主体的に取り組みやすい環境のための配慮であると言えます。

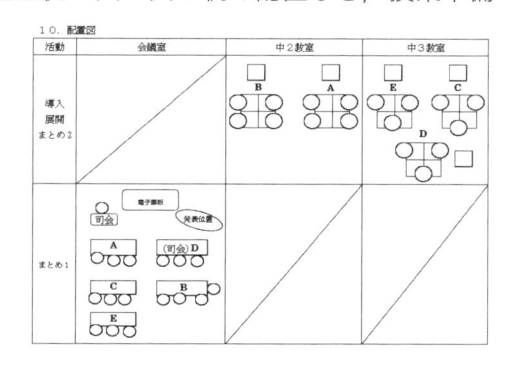

教材や体験の共有と
目標に応じた関わり

個別の指導目標に応じた教材を活用する

　例えば右の写真の教材では，「教師と一緒に手立てを確認しながら落ち着いてバスに乗車すること」「自分で手立てを確認しながら降車に向けて主体的に過ごすこと」「必要な時に手立てを確認しながら次の課題に見通しをもつこと」などの目標を設定することができます。

　共通する教材でも，個別目標次第で多様な活用をすることができます。

　また，1つの課題が終わる度に，教師が「バス停まで落ち着いて移動できたね」と児童生徒に言葉かけをしながら絵カードにシールを貼ることもおすすめです。肯定的な振り返りができ，児童生徒が次も頑張ろうとする意欲をもつきっかけにもなります。

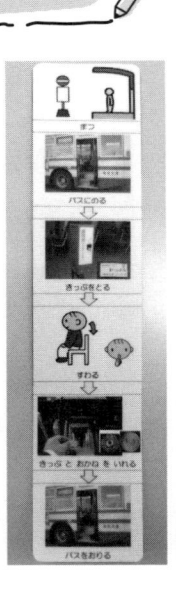

学級全員のツールとして活用する

必要な児童生徒にとっての個別スペースであること

　右ページ上部の写真は教室の後方に準備した個別のスペースです。設置当初は特定の児童生徒のクールダウンスペースを想定していましたが，学級全

体を考えた時に必要な時に学級の全ての児童生徒が自由に使えるスペースにしたいと思い，実際の運用ではひと手間加えながら活用しました。

ルールやマナーなど，学級の約束事の共有

例えば個別スペースの入り口には，右の写真のような説明書を貼付しました。朝の会などの時間に，活用の際に大切にしてほしいことを言葉で説明しながら，学級全体の共有スペースであることがわかるようにしました。

少し一人で休みたい時，身だしなみを確認する時，落ち着いた空間で読書したい時など，一人一人の状況に応じて柔軟な使い方をすることができました。

学級集団としてぜひ集団生活に必要な見方や考え方を学ぶ機会にしてほしいと思います。

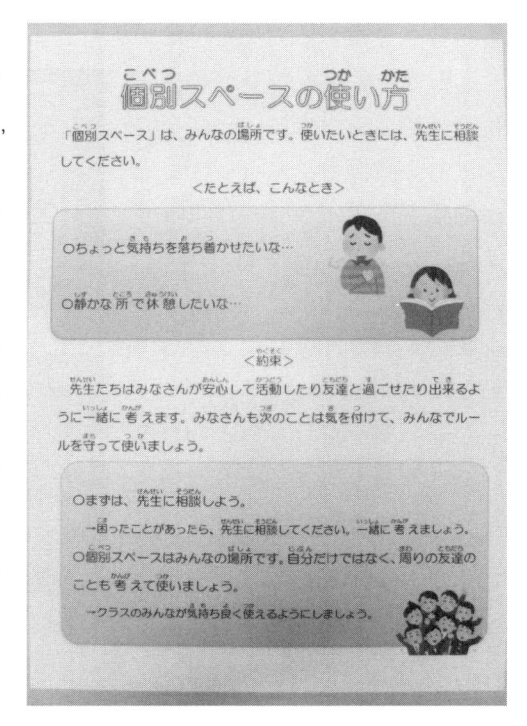

4　発想の柔軟性

自身の考え方にリフレーミングの視点をもつ

　報道等を通して，教師の業務の多忙さなどの情報に触れる機会が多くあります。実際，学級運営に加えて他の業務も抱える中，さらに特別支援教育の充実が求められていることを受けて，これ以上どうすればよいのだろう？と困難さを感じる先生もいるかもしれません。

　しかし，特別支援教育の充実は全ての児童生徒にとって有効であり，教師自身にとっても指導の幅を広げるきっかけになります。ぜひリフレーミングの視点から今の事情を捉え，前向きな実践に繋げてほしいと願っています。

　ただし気を付けないといけないことがあります。それは漠然とした状態で進めるのではなく，具体的なポイントを絞って実行可能な部分から取り組み始めるということです。

『見る目をかえる 自分をはげます かえるカード』
（tobiraco）

特別支援教育の視点を
全ての児童生徒の主体的な学びに繋げる

「〜できない」ではなく「〇〇があれば〜できる」という状況を

　特別支援教育における個別目標と手立ての考え方が大切です。児童生徒の「〜できない（難しい）」という実態から指導の優先順位を整理し，優先的に取り組む課題を設定します。そして優先目標に対する手立て（教材の活用や教師の援助など）を組み合わせながら目標の達成を目指します。

　集団活動でも同様です。例えば，「授業では，考える時間ーまとめる時間ー発表する時間を設定することで，一人一人が自分の考えをまとめ，発表できるようにする」なども，特別支援教育における目標と手立ての考え方に合致します。ぜひ普段の実践で配慮していることを振り返り，その結果，児童生徒の学びがどのように変わったかを考えることから始めてみてください。

一人ではどうにもできない課題も

　「そう言われても，これ以上はどうしようもない」と感じる先生もいると思います。実際に私もある研修会の中でそのように言われ，困惑したことがありました。その時はうまく答えられませんでしたが，繰り返し思い出し，今では自分なりの答えをもつことができたように感じています。

　そもそも一人で抱え込もうとすること自体に無理がありますし，特に特別支援教育は教師間の連携が必要不可欠です。現段階では達成の難しい目標を狙っていたのかもしれませんし，検討した手立てが教育的ニーズにマッチしていなかったのかもしれません。「〜できない」ではなく「どうしたらできるか」「どのようなことだとできるか」と考え方を変えてみることが大切です。

5 結果への前向きな受け止め

実態把握 - 目標設定 / 手立て - 実践 - 評価 / 改善のプロセスを回す

　個別の支援も集団活動に関することも，PDCA のプロセスで自分なりに試行錯誤してみることが重要です。

　PDCA のプロセスに基づいて実践を行うことで，児童生徒の姿を結果として受け止め，改善が必要な部分があれば検討する，うまくいった部分は他の場面へも応用することなどができ，指導や支援の幅が広がっていきます。

① 実態把握	② 目標設定／手立て	③ 実践	④ 評価／改善

指導や支援がうまくできなかった部分は教師の学びとして次に生かす

見立て通りに指導や支援が進まないことが当たり前

　最初から見立て通りに，すぐに目標が達成されることは少ないはずです。たとえその時はうまく指導や支援ができたとしても，複数回を連続して振り返ると，目標が達成できた時もあれば，多くはあまり計画的に進まなかったということもあり，100％達成できたとは言いにくいと思います。考え方として，ぜひそのような緩やかな視点で個別の指導・支援や学習活動に臨んでほしいと思います。

指導や支援に「絶対できる」はありません。教師が100％を目指してしまうと，教師も児童生徒もお互いに追い込まれてしまうことに繋がりかねません。

右の図は私が研修会等でよく使用しているスライドです。指導や支援がうまくいかないのは，指導者の力不足でも，児童生徒が授業に集中していなかったわけでもありません。あくまでも，目標に対する手立てがマッチしていなかったとして，手立ての評価・改善を図ることが大切です。

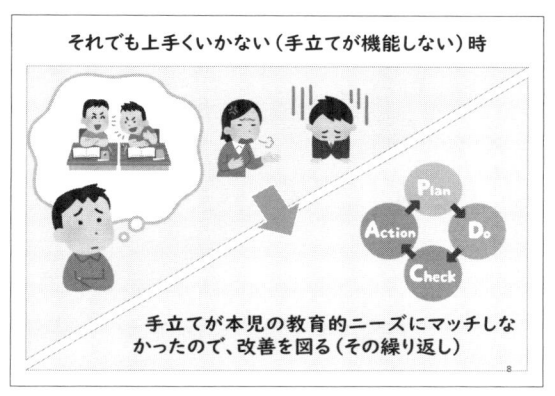

全体目標→個別目標の流れで目標を整理

学習計画等を立てる際には，全体目標から個別目標という視点で目標設定をすることが大切です。個別目標の設定が妥当であると考える場合，その児童生徒独自の目標を設定するのではなく，あくまでも単元や本時の目標を受けて，その子であればどのような目標がよいか，どのような手立てが必要かということを見極めるプロセスが欠かせません。

そして目標設定も指導や支援の繰り返しを通して，その妥当性が高まっていくものです。それは教師の実践を根拠にした視点として客観性のあるものになります。「一度取り組んでみて駄目だった」ではなく，「どのような目標や手立てだとよいか」について試行錯誤の繰り返しから，その子に応じた目標や手立てに近づけていってほしいと思います。

⑥ 自身のマネジメント

できる限り余裕をもって指導や支援に向き合える状態にする

　教師の心身の状態は，児童生徒への指導や支援に影響します。心身の状態がよいと児童生徒に対してよい指導や支援に繋がります。

　当たり前のこととして認識されている一方で，「忙しくて，どうしようもない」と思われる先生も多いかと思います。ですが，できる限りよい状態になるように自分でマネジメントしようとすることが大切です。

　1週間のうち1日くらいは定時で仕事を切り上げる日を設けたり，週末にリフレッシュできる活動に取り組んだり…と何でもよいと思います。

　とにかく，自分自身を労う時間をつくってみてください。

頼ることも仕事のうち

頼ることも大事な仕事のスキル

　学級運営が忙しく，休む余裕もないような日が続いており，自身をあまり顧みずに勤務を続けていた時のことです。週末を迎え家で過ごしていた時にこれまでの緊張感が和らいだのか，突然ぎっくり腰になってしまったことがありました。身体が言うことを聞かず，とりあえず横になり様子を見ることにしたのですが，一向によくはなりません。明日は学校に行けるだろうか…と考えてみたものの，全く回復せず上司に相談し，休みを取ることにしまし

た。学級は大丈夫だろうか，同僚の先生や生徒たちに迷惑をかけてしまったな…と心配していたのですが，同僚の先生方が本当にうまくサポートしてくださり，生徒たちも普段と変わらず楽しく学校生活を送ることができました。これまでこのような経験がなく，ただただ申し訳なさを感じていたのですが，同僚の先生方に感謝するとともに，人に頼ることも大切なスキルの1つであることを再認識させられた機会になりました。

　普段から学級を超えて教師間の連携があったので，生徒一人一人への支援や関わり方について共通理解できており，生徒たちも大きな混乱もなく過ごすことができました。

　私たち教師は経験年数に限らず，現場に立てば周囲から「先生」と言われる生活がスタートします。特に新任時は「自分に先生と言われる経験や実力もないのによいのだろうか」と戸惑ったことを思い出します。それと同時に謙虚に取り組む姿勢は絶対に忘れず，1つ1つの仕事に臨もうと考えるようにしました。教師同士で連携する際にも，経験年数にかかわらず謙虚であることや同僚への敬意をもつことなどはとても大事です。先述の先生方も謙虚で相手への敬意を大切にされている，そんな先生方でした。

教師も休日の過ごし方のレパートリーを増やすことが大切

　私たち教師は，児童生徒の余暇活動の選択肢について，保護者と一緒に考えたり週末に活動している団体の情報を調べたりすることがあります。余暇活動は家庭や学校以外の第三の居場所にもなる大切なものです。

　児童生徒のために行うのと同じように，教師自身の余暇や休日の過ごし方のレパートリーについても気に掛けた方がよい場合もあります。第三者があれこれと強制すべきではありませんので，ぜひ自分らしい過ごし方，新しい過ごし方を見つけたり増やしたりし，少しでもリフレッシュできる場面をつくってほしいと思います。

同僚性

　どの組織においても連携やチームなど，他者と協働し物事に取り組むことが当たり前になっています。学校も同様で，これまでの学校研究，また外部連携を通して「同僚性」の重要性を感じています。図は同僚性を具体的な観点に整理したもので，教師の職能を高め合う関係性，教師集団として協働する関係性，教師側の友好な関係性の３つがあります。

　特に「教師間の友好な関係性」は協働性を高める大きなきっかけになるのではないかと考えています。よい雰囲気の学校・学級には，この点が広く浸透している，そのような印象がありました。

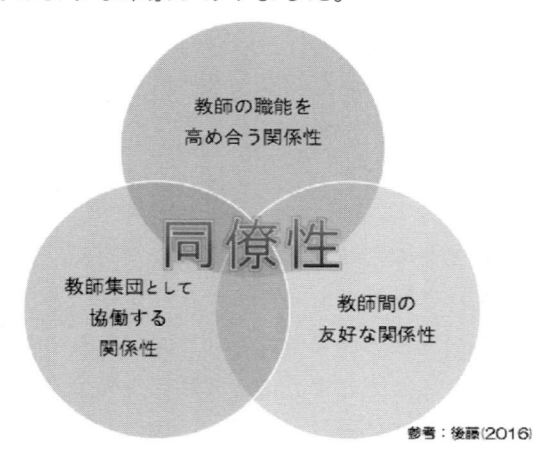

参考：後藤(2016)

　児童生徒の前向きな学びの姿とそこに繋がった先生の指導や支援の工夫を手立てに友好な関係性を深めることができるのではないかと考えています。

■ 参考文献

・後藤壮史（2016）学校現場における同僚性の構成概念についての検討－教員間の関係性に着目して－，奈良教育大学教職大学院研究紀要（学校教育実践研究），8,19-28.

2

通常の学級での学びを支える ツール&アイデア

1 学校生活の予定を確認し振り返りができる
日課表

　１日の学校生活を主体的に過ごすためには，見通しをもつことが大切です。また，今日の活動はどのようなことを頑張りたいかを考え，目的意識をもって活動に取り組むようにします。そして下校前に１日を振り返り，自分自身の取り組みを自己評価します。

ねらい

〇自分自身で取り組む目標設定と評価の積み重ねを通して，目的意識をもち，前向きに活動に取り組む姿勢を育成する。

教材の作り方・使い方

①右ページの写真のように，必要な項目を入れたシートを作成する。
②左側は時間割を見て書き写したり文字カードを貼ったりする。
③右側は目標や自己評価を記入し，最後に教師から他者評価を書く。

　「日課表」として，登校後に準備ができた児童生徒から書き始め，書き終わったら先生に報告をするというルーティンで取り組みます。また，下校前に１日の振り返りを自己評価・他者評価の観点で取り組みます。

　シートを工夫すれば連絡帳の代わりにもなると思います。児童生徒の前向きな評価ツールとしてぜひ様々な活用を検討してみてください。

Point
児童生徒の書字に関する実態を踏まえて
罫線やマス目なども検討する。

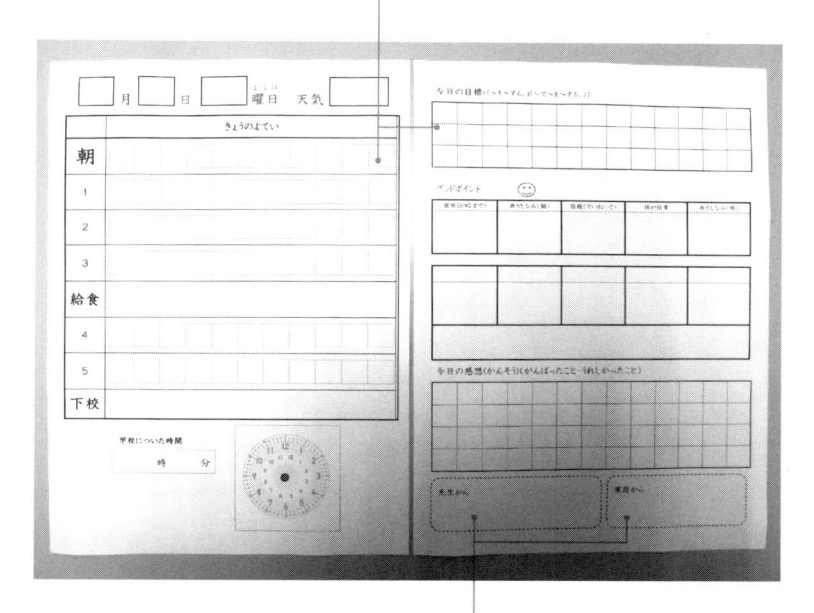

Point 💡
罫線の色や太さも児童生徒の書き
やすさを踏まえて検討する。

Point
自己評価だけでなく，他者評価の
観点も踏まえる。

合理的配慮の観点

教育内容	▶ 学習上又は生活上の困難を改善・克服するための配慮 ▶ 学習内容の変更・調整
教育方法	▶ 情報・コミュニケーション及び教材の配慮 ▶ 学習機会や体験の確保 ▶ 心理面・健康面の配慮

2 時間を意識し進んで学習に取り組める 作業学習シート

　学校では教科等に応じて様々なワークシートを活用しています。児童生徒にとって取り組みやすいものと教師が確認しないと取り組むのが難しいものがあります。まずは，よく取り組めている場面を分析することが大切です。うまく取り組めている背景，教材の効果的な部分を検討してみましょう。具体的によい部分を仮説として，他の教材にも生かしてみるとその妥当性を確認することもできます。

ねらい

○作業時間を意識して取り組もうとすることができるようにする。
○具体的にどのような活動を頑張りたいかを考え，自己評価や他者評価を経験し積み重ねる。
　＊課題をこなすことを最大の目標にしないようにする。

教材の作り方・使い方

①右ページの写真のように，必要な項目をワークシートに記入する。
②児童生徒の実態に応じて記述量の調整やシールの活用など使い方を工夫する。

　ゼロの状態から教材を作り出すためには，相当な時間が必要です。特に，内容が多岐にわたるワークシートなどは大変です。ぜひ既にあるフォーマットをもとにアレンジしていきましょう。教師の負担が減っていきます。

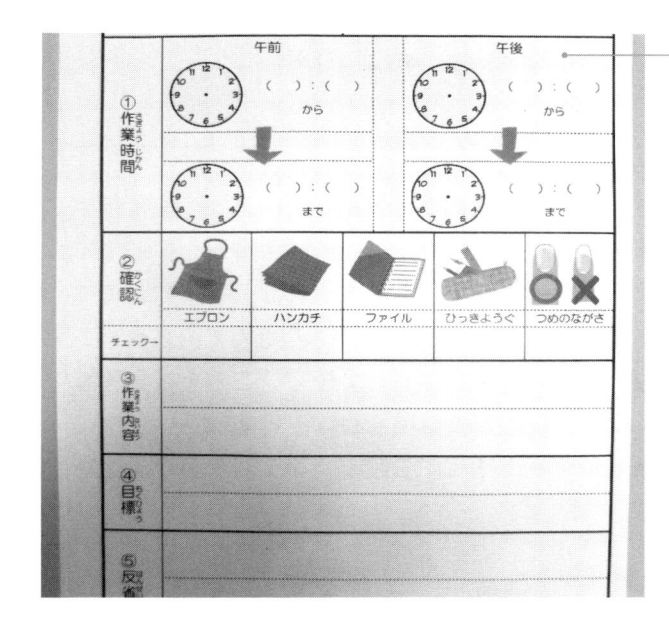

Point

作業時間を意識しながら取り組めるようにする。

＊特別支援学級の合わせた指導「作業学習」で使用したシートです。小学校では，例えば体つくり運動の記録表などの参考にしていただければと思います。

合理的配慮の観点

| 教育内容 | ▶ 学習上又は生活上の困難を改善・克服するための配慮 |
| | ▶ 学習内容の変更・調整 |

教育方法	▶ 情報・コミュニケーション及び教材の配慮
	▶ 学習機会や体験の確保
	▶ 心理面・健康面の配慮

3 下校後にすることがわかり，自ら取り組める
帰ったらすることカード

子供が家に帰ってからすべきことは多くあります。例えば，連絡帳や配布物を出す，水筒や箸・スプーンなどの食具を流し台に置くなどです。すべきことが多くて，情報を整理できない子供もいれば，下校前まではわかっているけれど帰宅後は早速別なことに取り組み始めて，すべきことを忘れてしまう子供もいるでしょう。済ませてほしいことを視覚化しておくことが大切です。また，課題が多い場合には，最初は2〜3つの課題に絞って，着実に取り組めるようにする段階的な実践が欠かせません。

ねらい

○配布物の提出や整理整頓，明日の準備など，帰宅後に済ませることがわかり，実際に取り組むことができるようにする。

教材の作り方・使い方

①帰ったらすることカードを作成する。

＊付箋やメモなど，すぐに準備しやすいものでも問題ない。

②連絡袋やランドセルの内側など，注目しやすい場所に貼る。

導入当初は，保護者の言葉かけ（カードの課題は終わったかな？　など）をもとに，実際に行動し課題を済ませる経験が必要です。本人の様子に応じて，見守るなど，言葉かけを加減することで自立的な取り組みに繋がります。

家に着いたらすること（イメージ）

	✓		すること
			連絡袋をカゴに入れる
			洗う物（給食）をカウンターに置く
			次の日の準備（ランドセル）を済ませる

Point
最初は2〜3つの課題に絞って，着実に取り組めるようにする。

合理的配慮の観点

教育内容	▶ 学習上又は生活上の困難を改善・克服するための配慮 ▷ 学習内容の変更・調整
教育方法	▶ 情報・コミュニケーション及び教材の配慮 ▷ 学習機会や体験の確保 ▷ 心理面・健康面の配慮

4 家庭との連携と環境調整で身に付ける
持ち物管理の習慣

　授業に必要な教材や不定期の提出物など，１日の学校生活でも非常に多くの持ち物が必要です。忘れてしまう原因やきっかけも，全く聞いていなかった場合もあれば，直前までは覚えていたけれど玄関に置き忘れてしまった場合など多様です。例えばメモは取っていたけれども，読み返す習慣がなく忘れ物をしてしまう場合，メモの意図は薄れてしまいます。メモを取ることがゴールではなく，必要な持ち物を準備し翌日持ってくるような習慣に繋げる工夫が必要です。

ねらい

○配布物の確認や準備について，先生の見本を見たり指示を聞いたりしながら正しく取り組むことができるようにする。

考え方

○低学年の場合は，学級全体で連絡袋をおおよそ同じようなものにすることで，学級全体のスムーズな準備や家庭との連携に繋げる。

　まずは学校と家庭で使い方のポイントを共通理解することが大切です。子供一人で忘れ物をしないような取り組みをするよりも，学校と家庭で必要な支援をしたり調整された環境のもとで取り組んだりする方が，失敗も少なく持ち物の管理に関する具体的なスキルを学ぶことに繋がります。

見本を使いながら説明すると，クラス全体が先生の指示を聞き入れやすく，
課題にも取り組みやすくなる。

Point

サポートする先生がいる場合はより具体的に個別の言葉かけをすることで，
個と集団の指導を一度に丁寧に進めることができる。

合理的配慮の観点

教育内容
▶ 学習上又は生活上の困難を改善・克服するための配慮
▷ 学習内容の変更・調整

教育方法
▷ 情報・コミュニケーション及び教材の配慮
▶ 学習機会や体験の確保
▷ 心理面・健康面の配慮

 生活

 **5** 授業準備も片付けもすぐにできる
ジッパーケース

　1つの授業でも教科書，ノート，ファイル，副読本など様々な準備物があります。授業が始まっても教科書やノートなど，必要な物が準備できておらず，授業から遅れてしまうことや，授業後にきちんと片付けができず，机やロッカーがぐちゃぐちゃになってしまう子供がいます。

　個別の声かけによる支援も大切ですが，教科ごとに必要な物を分類してロッカーなどに閉まっておけるツールの活用を通して本人が管理しやすい環境を調整し，自分自身で準備・片付けに取り組みやすくします。

ねらい

○授業準備に必要な物がわかり，自分で準備することができるようにする。
○授業後に教科書等の授業で使用したものを所定の場所に戻すことができるようにする。

教材の選び方

○中身が見えるものを用意すると，中を見分けながら活用することができる。
○取っ手付きのものを用意すると，持ち運びもスムーズで授業中は机の脇のフックに掛けておくことができ，管理もしやすい。

　自分で管理しやすくすることで，本人の自信や持ち物を管理する姿勢を育むことができます。また，大人も「ちゃんと片付けましょう」ではなく「ケースにしまうよ」などとより具体的で明確な指示をできるようになります。

次は社会だから
オレンジのケース

Point 💡

複数のカラーのケースを準備できる場合は「次は青いケースを使うよ」などと色を手掛かりに伝えることも効果的である。

合理的配慮の観点

教育内容	▶ 学習上又は生活上の困難を改善・克服するための配慮
	▷ 学習内容の変更・調整

教育方法	▶ 情報・コミュニケーション及び教材の配慮
	▷ 学習機会や体験の確保
	▷ 心理面・健康面の配慮

1 何をすべきかわかり，進んで学習に取り組める
板書の使い方

　授業の板書は，右から左に，上から下に書いたり貼ったりと教科によって異なります。授業準備に当たっては授業の展開を考えながら，あわせて板書計画も具体化していくものと思います。児童生徒が授業の流れや課題を理解することに取り組みやすくするための工夫の１つが板書です。授業内容を理解していない，指示や説明が伝わりにくいなど，気になる姿が見られた時には支援の１つとして板書の工夫を行いましょう。

ねらい

○授業の予定や内容がわかり，進んで授業に取り組もうとすることができるようにする。

考え方

○「今日の予定」や「めあて」など繰り返し使う用語は文字カードを準備しておくことで，提示しやすくする。
○横に長い黒板であれば，３分割くらいになるように間に線を引くことで，児童のノートと同じ幅になり，書き写しやすくする。

　板書には，視覚化・構造化・共有化の全てが様々な形で展開されているように思います。右ページの写真の「きょうのがくしゅう」のように，課題が終わった項目には◎などの前向きなチェックをつけることで「できた」を視覚的に捉えやすくなり，次の課題も頑張ってみようとする意欲に繋がります。

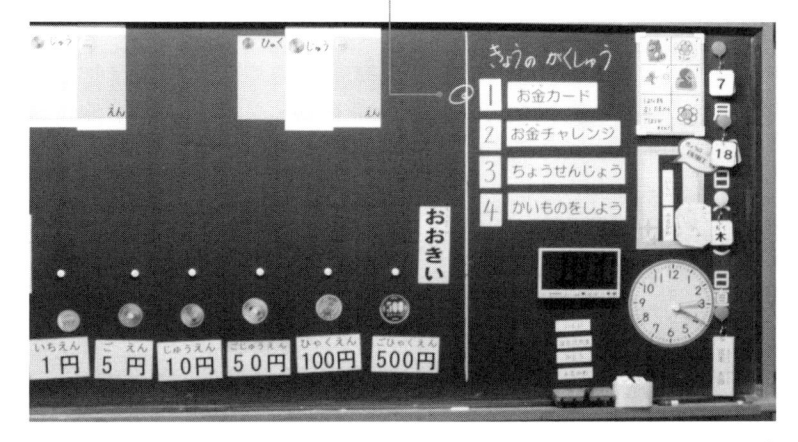

写真協力：中田道予教諭（東京都公立小学校特別支援学級担任）

合理的配慮の観点

教育内容	▶ 学習上又は生活上の困難を改善・克服するための配慮
	▶ 学習内容の変更・調整

教育方法	▶ 情報・コミュニケーション及び教材の配慮
	▶ 学習機会や体験の確保
	▶ 心理面・健康面の配慮

安心 ♥

2 自分の状態に気付き，対処方法を考えられる
ポスター・シート

　イライラ，疲労，不安など，学校生活を通して様々な感情や状態になることがあります。まずは自分の状態に気付くことが大切です。そして次に，対処方法を考え実際に対処するような経験が欠かせません。ツールを使って自分の状態を可視化し，選択肢を通して自分で対応を選び過ごせるようにする，そのような環境調整について考えてみましょう。

ねらい

○自分の状態に気付き，必要な場合は周囲に伝えることができるようにする。
○状態に対する適切な方法を考え，実際に対処しようとすることができるようにする。

教材の作り方・使い方

○マグネットシートに直接印刷したり，普通紙にシートを印刷・ラミネート加工し，裏面にマグネットを貼ったりして使いやすい場所に貼付しておく。
○過ごし方の選択肢カードはその場で実行可能なものを選ぶようにする。

　「～してはいけません」などの禁止や「ちゃんと言わないとだめだよ」などの指示のみで終わらないように気を付けます。してはいけないことへの指導的な関わりも大切ですが，どのような行動がよいのか，具体的な振る舞いや伝え方などがわかるように工夫することが必要です。子供が具体的な対処方法を知り，自分なりの過ごし方を見つけるサポートをしましょう。

自分の状態に気付き伝える経験を重ねる。
＊カードやシート，マグネットなど，子供の実
　態に応じて伝えるツールは選ぶ。

「どのような過ごし方がよいか」を一緒に考え
たり具体的な選択肢を提案したりする方がお互
いにとってよい経験に繋がる。

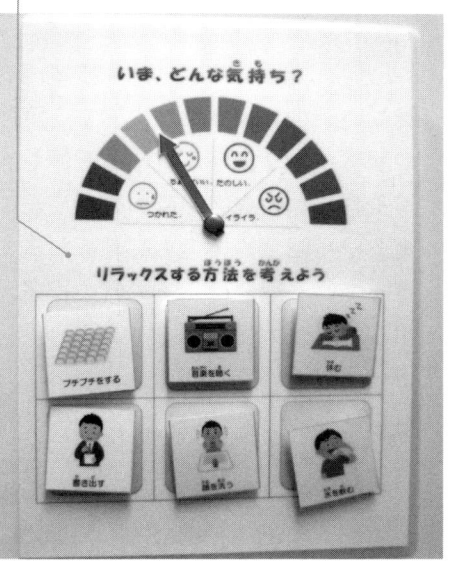

表情ポスター
画像提供：クリエーションアカデミー　メルコム

合理的配慮の観点

教育内容	▶ 学習上又は生活上の困難を改善・克服するための配慮 学習内容の変更・調整
教育方法	▶ 情報・コミュニケーション及び教材の配慮 ▶ 学習機会や体験の確保 ▶ 心理面・健康面の配慮

安心

 **3** 指導・支援を通して安心して学習に取り組める
座席配置の工夫

　「授業に集中できない」「授業内容がわからず，課題に取り組むことが難しい」など授業参加に関する課題を聞くことがあります。様々な工夫や配慮がありますが，座席配置も大事な配慮の１つです。

　それぞれの座席配置の長所や短所を児童生徒の視点と指導者の視点の両方から総合的に考えて判断します。席替えを月１〜２回など高頻度で行っている場合は，その時の様子から児童生徒に適した座席位置を検討することが大切です。

ねらい

○座席配置の工夫を通して，進んで授業に参加できるようにする。
○座席配置の工夫を通して，実態に応じた支援や指導を行いやすくする。

考え方

○教室の座席図を見て，それぞれの場所の長所・短所を考える。

　何かしらの教育的対応が必要な児童生徒の場合は，環境調整だけでは支援が十分ではないと思います。「授業進度に応じて時々個別に言葉かけ等の支援を行う」「机間巡視しやすい位置や支援しやすい教室前方の位置に座席を配置する」など教師の具体的な支援が必要です。教師が関わりやすい位置にすることも座席配置を考える上での大切な視点の１つです。

Point 💡
教室前方中央は担任が支援しやすい。
＊個別の関わりが多く必要な場合は
　他の児童生徒の視線の妨げになる
　こともあるので注意

Point 💡
授業に集中できない子供は刺激が少な
い廊下側に座席を配置する。
＊壁面に掲示物がある場合はそちらに
　気を取られる場合もあるため注意

合理的配慮の観点

教育内容	▶ 学習上又は生活上の困難を改善・克服するための配慮
	▷ 学習内容の変更・調整

教育方法	▷ 情報・コミュニケーション及び教材の配慮
	▷ 学習機会や体験の確保
	▶ 心理面・健康面の配慮

4

見やすい環境の中で授業に集中できる
情報の提示の考え方

　板書をノートに書き写すことが難しい児童生徒に対する支援として，黒板が見やすい位置（後方ではなく前方，左右ではなく正対する位置）に座席を配置することがあります。また，板書の色使い（白黒反転や強調する箇所を赤などの色文字で提示するなど）の工夫もあります。

　教室環境の ICT 化が推進され，モニターやスクリーンの活用のよさもある反面，光を強く感じたり白色の背景が強く文字がぼやけてしまったりするなどの課題もあります。児童生徒の見え方を考える際には様々な視点から考えられる原因や配慮について検討してください。

ねらい

○提示の工夫をしたり必要なツールを活用したりして，見やすさを確保する。

考え方

○眼科等の専門機関に相談することを支援の１つとして検討する。

　＊視覚の過敏さである「アーレンシンドローム」として，実践や相談機関が多くなっている。

　フォント，カラーユニバーサルデザイン，色覚多様性などのように見やすさや見え方の理解も広まってきています。場合によっては視覚支援学校等のセンター的機能を活用すると支援の視点が広がることも考えられます。

Point
余計な展示物や時計が前面にはない状態を
つくることで授業に集中できる。

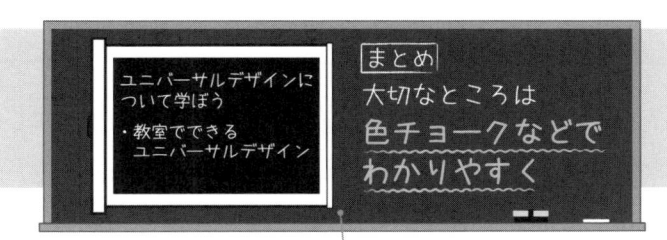

Point 💡
座席配置でも見えやすさに配慮できる。

Point
白黒反転で表示したり，色チョークを
使ったりして見えやすさに気を配る。

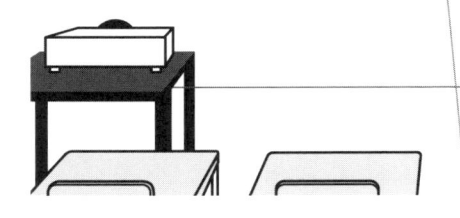

合理的配慮の観点

| 教育内容 | ▶ 学習上又は生活上の困難を改善・克服するための配慮 |
| | 学習内容の変更・調整 |

教育方法	▶ 情報・コミュニケーション及び教材の配慮
	学習機会や体験の確保
	▶ 心理面・健康面の配慮

5 落ち着いて授業に参加できる
話し方の配慮

　全体に向けて指示や説明をする場面で，先生の大きな声に驚いたり緊張や不安を感じたりする子供がいます。話し手からすると全員に届くようにと考えた対応ですが，受け手である子供からすると，突然の大きな音に驚いてしまうことも当然のことではないだろうかと思います。

　緊張や不安を感じやすい子供は，一度の体験から同じような場面で「また起きるのではないだろうか」と予測する力が高いように思います。そうなると次の場面では，最初から耳を塞ぐような仕草や多少の落ち着きのなさが見られるようになります。

　全体に話を届けようとする先生の思いはとても大切ですので，メリハリを意識して伝えようとする工夫が欠かせません。

ねらい

〇全体指示や説明を聞いて，次の活動がわかるようにする。

考え方

〇声量や抑揚などを調整し，話を聞いて活動内容を理解できるようにする。

　話し方の工夫だけでなく，目で見てイメージできる情報を提示する，進んで話を聞いている子供に注目し「素敵な姿勢だね」などの前向きな言葉をかけるなど，間接的なやりとりも安心して聞くことに繋がる工夫の１つです。

Point 💡

全体に話を届けることは意識しつつ，
やさしい音量で話し始める。

今日やることは
2つです。

目を見て話を
聞けているね。

素敵な姿勢だね。

Point

言葉だけでなく，目でも情報を
補えるように話す。

Point 💡

前向きな言葉かけで安心して聞ける
環境をつくる。

合理的配慮の観点

| 教育内容 | ▶ 学習上又は生活上の困難を改善・克服するための配慮 |
| | ▶ 学習内容の変更・調整 |

教育方法	▶ 情報・コミュニケーション及び教材の配慮
	▶ 学習機会や体験の確保
	▶ 心理面・健康面の配慮

友達関係を深める・広げる
集団編制の考え方

> 学校では一人で課題に取り組むだけでなく，ペアやグループの小集団で活動する機会が多くあります。事前に子ども同士の相性や普段の生活の様子をもとにペアやグループを編制します。毎回同じ班編制にすることでグループ内の関係性が深まっていくことが期待されます。しかし，授業内容等によっては普段とは異なる集団編制にすることで，友達関係が広がるなどのよさもあります。どちらか一方ではなく，児童生徒の姿と授業内容から総合的に考え準備することが大切です。

ねらい

○友達関係を深めたり広げたりすることができるようにする。
○相互に関わりながらグループ活動に取り組むことができるようにする。

考え方

○児童生徒の学習の様子をもとに，例えばリーダーとしてグループの中心になって取り組んでほしい，グループの中で自分の考えを伝えながら取り組んでほしいなど様々な先生の思いや願いから編制する。

グループ編制に加えて，実際の活動の様子に応じて大人が必要な支援（言葉かけや仲介など）をすることで，児童生徒は安心して取り組むことができます。ぜひグループに応じた大人の動きもイメージしてみてください。

Point 💡
なってほしい姿を引き出せるような
グループ編制を考える。

Point 💡
状況に応じて言葉かけや仲介など
必要な支援を行う。

合理的配慮の観点

教育内容
▶ 学習上又は生活上の困難を改善・克服するための配慮
▶ 学習内容の変更・調整

教育方法
▶ 情報・コミュニケーション及び教材の配慮
▶ 学習機会や体験の確保
▶ 心理面・健康面の配慮

2 肯定的に関わり合い，主体性を引き出す
活動の進め方

　　グループ編制をすれば，その後の活動は児童生徒に任せて OK という わけでもありません。実際のグループの様子を見守りながら必要な助言 や仲介など，先生の具体的な関わりを通してさらに活動が深まっていき ます。例えばアイスブレイクなどの活動を取り入れることや，児童生徒 同士で役割分担しながら協力して取り組めるようなルールを取り入れる ことなど具体的な活動やグループ内で互恵的に取り組める環境づくりが ポイントです。

ねらい

○活動環境を工夫し，一人一人が主体的に参加できるようにする。
○肯定的に関わり合う場面を通して，自他のよさに気付けるようにする。

考え方

○ルールやマナーを伝えて終わりではなく，活動後の振り返りの中で活動中 に見られた前向きな姿を先生から全体に共有することが大切である。

　　グループ活動を始める際は「グループ活動で大切にしてほしいこと」など のルールやマナーを伝えておくことで，より関わり合いが広がっていきます。 その際は「〜しない」のような禁止ではなく，お互いに前向きに関わり合え るような「〜しよう」など肯定的な目標を伝えるようにしましょう。

大切にしてほしいこと①

みんなの
かんがえを
きいてみよう

たくさん
しらべよう

わからない
ときは
きいてみよう

Point 💡
言葉だけでなく，
目で見てわかる
ように示す。

大切にしてほしいこと②

グループで
きょうりょく
しよう

やくわりを
こうたいして
とりくもう

ともだちの
すてきなところ，
いいところには，
「いいね!」

Point 💡
「〜しよう」と
肯定的な表現で
目標を伝える。

合理的配慮の観点

教育内容	▶ 学習上又は生活上の困難を改善・克服するための配慮 ▶ 学習内容の変更・調整
教育方法	▶ 情報・コミュニケーション及び教材の配慮 ▶ 学習機会や体験の確保 ▶ 心理面・健康面の配慮

3 全員がグループ活動に参加できる
マニュアル・役割分担表

　　グループ活動が始まっても，自分の考えを伝えにくそうにしていたり具体的な活動がなく待ち時間になってしまっていたりすることがあります。特定の児童生徒の活動にするのではなく，メンバー全員が主体的に参加できる環境設定が大切です。一方で限られた指導体制で全ての児童生徒をフォローすることには限界があります。そこで，グループ活動の進め方を記したマニュアル（手順表）や役割分担表を準備することで，一人一人の学習機会を保障し充実した機会にすることができます。

ねらい

○活動の進め方がわかり協力して取り組むことができるようにする。
○一人一人が役割を通して，主体的に参加することができるようにする。

考え方

○一人一人にとってグループ活動を主体的に進めるためには具体的な手立て（手順表など）が必要である。全員で内容を確認したり，役割を分担したりして相互に関わる場面をつくることが大切である。

　　手順表などの手立ても文字のみでよい場合もあれば，学習集団の実態によってはイラストや写真があった方がよい場合など様々です。ぜひ目の前の児童生徒の様子から手立ての内容を考えてみてください。

グループでしらべよう

何をするの?		誰がするの?
① ミッションカードから、1枚選ぶ		
② キーワードを緑の枠に書く		
③ ipad で国を調べてオレンジの枠に書く		
④ ipad で説明を調べて大きな枠に書く		
⑤ 写真をはる（先生の所に写真を貰いに来てください）		
⑥ 次の活動を相談して書く		

Point
役割を分担することで全員が活動に参加できるようにする。

Point
学級の様子に応じて写真やイラストなどを手立てに入れる。

合理的配慮の観点

教育内容	▷ 学習上又は生活上の困難を改善・克服するための配慮 ▶ 学習内容の変更・調整
教育方法	▶ 情報・コミュニケーション及び教材の配慮 ▶ 学習機会や体験の確保 ▷ 心理面・健康面の配慮

4 「わかりません」「教えて」「NO」が言える
学級づくり

　「できました」や「わかりました」など児童生徒が自信をもって言えるようにする授業内容の工夫が大切です。しかし一方で，必ずしもそのような発言が最終目標ではないのではないかと思います。わからない時や困った時に自分から助けを求めることができた経験があることで，その後同じような状況になっても一人で抱え込まず，周囲と協力して取り組むことで得られる達成感や満足感，そして安心感はとても重要です。

　そのために，「わからない時は『教えてください』と言えば大丈夫だよ」と肯定的に伝えるような関わりが必要です。

ねらい

○困った時に必要に応じて周囲に援助を求めることができるようにする。

考え方

○一斉指示や説明の場面で，「わからない時は周りに聞いて大丈夫だよ」などと伝えておくことや，児童生徒が伝えてくれた時に否定するのではなく受容的に関わるようにする。

　「何回言ったらわかるの」「さっきも説明しました」ではなく，「わからなかったら聞いてね」と伝えた後，「次は最初に説明をよく聞くようにしましょう」などと次の目標を伝えることが大切です。

「何でわからないの」ではなく「困った時は教えてね」
という言葉かけの方が効果的！

まずは助けを求められたことを肯定し，
その後に次の目標を伝える。

合理的配慮の観点

教育内容	▶ 学習上又は生活上の困難を改善・克服するための配慮
	▶ 学習内容の変更・調整

教育方法	▶ 情報・コミュニケーション及び教材の配慮
	▶ 学習機会や体験の確保
	▶ 心理面・健康面の配慮

5 相手の反応が見てわかる
自分の思いをわかりやすく伝えられる

リアクションボード

　話し手が聞き手に対して「ちゃんと話を聞いているのかな」と思う場合もあれば，聞き手が「ちゃんと聞いているのだけど，なんで伝わらないの」と思う場合もあります。リアクションは見えにくく，時には緊張感からうまく聞いている反応を示すことが難しい時もあるかもしれません。そのような時に視覚化の視点を生かし，リアクションボードのようなツールを通してリアクションを見て伝わるようにします。

ねらい

○相手が話し終わったら，両面のうちどちらかを相手に提示することで，リアクションを示す。
○ツールの活用を通して，「あなたの話を聞いているよ」という安心感が伝わるようにする。

教材の作り方・使い方

①クイズグッズのボードに，イラストとフレーズを書いたシートを貼る。
　＊両面同じ内容でも，あえて異なる内容でもよい。
②話し合い活動やコミュニケーションゲームなどで活用する。

　取り上げるリアクションは相手を批判するようなものではなく，肯定的に受け止めるようなフレーズ・イラストにすることが大切です。

Point 💡
ちゃんと聞いていることを視覚的に示すこと
で話し手と聞き手両方の安心に繋がる。

Point 💡
肯定的に受け止めるようなイラスト・
フレーズにする。

合理的配慮の観点

教育内容	▶ 学習上又は生活上の困難を改善・克服するための配慮 ▶ 学習内容の変更・調整
教育方法	▶ 情報・コミュニケーション及び教材の配慮 ▶ 学習機会や体験の確保 ▶ 心理面・健康面の配慮

過ごしやすい服装選びをサポートする
気温と服装シート

　衣替えの時期は衣服の見た目の変化に加えて，気象状況に応じた服装の調整など様々な面で変化する時期です。いつ，どのように切り替わるのか基準がわかりにくく，不安や苛立ちなど感情面の起伏が大きく，また，体調の調整が難しくなり心身ともに疲れやすい時期でもあります。

　そのような状態では，普段よりも落ち着いて学習に臨むことが難しくなる場合もあります。安心して学習に臨むための事前準備として，必要な支援を考えることが大切です。

ねらい

○シートをもとに，天気予報の気温に応じて衣服の調整をすることができるようにする。
○シートをもとに，学校や家庭で一緒に確認しながら衣服の準備や調整に取り組むことができるようにする。

教材の作り方・使い方

○右ページのイラストのように，児童生徒にとってわかりやすい気温と服装の目安シートをつくる。

＊裏面にマグネットシートを貼ると，ロッカーなどの扉に貼り付けて使用することができる。

　具体的なツールの活用を通して，よりわかりやすく体験しながら衣服の調整に取り組むことができます。

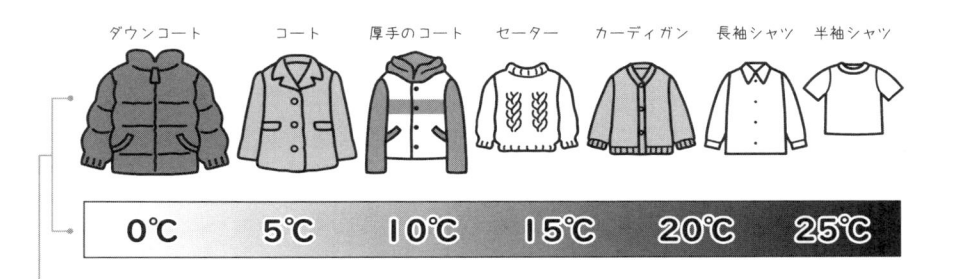

ダウンコート　コート　厚手のコート　セーター　カーディガン　長袖シャツ　半袖シャツ

0℃　　5℃　　10℃　　15℃　　20℃　　25℃

Point

気温と服装を照らし合わせることで，
過ごしやすい服選びのサポートをする。

合理的配慮の観点

| 教育内容 | ▶ 学習上又は生活上の困難を改善・克服するための配慮 |
| | 学習内容の変更・調整 |

教育方法	▶ 情報・コミュニケーション及び教材の配慮
	学習機会や体験の確保
	▶ 心理面・健康面の配慮

感じ方を視覚化し，調整に繋げる
暑さの視覚化シート

　暑さ・寒さに関する不快感をうまく表現できず，我慢してしまったり落ち着きがなくなったりことがあります。寒さは周囲が気付きやすいですが，暑さ（温度・湿度）は人によって感じ方が異なり，少し配慮が必要な部分です。そこで快適に学習に臨むことができる環境調整として適切な空調管理が大切になります。その時々の状況に応じて温度設定を変えるような柔軟な運用が大切になりますが，逆に言うと曖昧な基準を少し視覚的に捉えられるよう簡単なシートを作成しておくことで，手掛かりを参考に自分なりに空調を調整したり場合によっては全体で共通理解したりする手立てにもなります。

ねらい

〇視覚化されたシートをもとに，学級全体の基準を見える化する。

教材の作り方・使い方

〇温度計を参考にイラストを用意し，外気温・湿度に応じて空調の設定の目安がわかるように目印を付けておく。

　例えばカラッとした暑さの時とジメジメする暑さの時では空調設備の使い方が異なります。今の状態に応じた空調の整え方がわかることで，自ら環境調整する具体的な経験に繋がります。

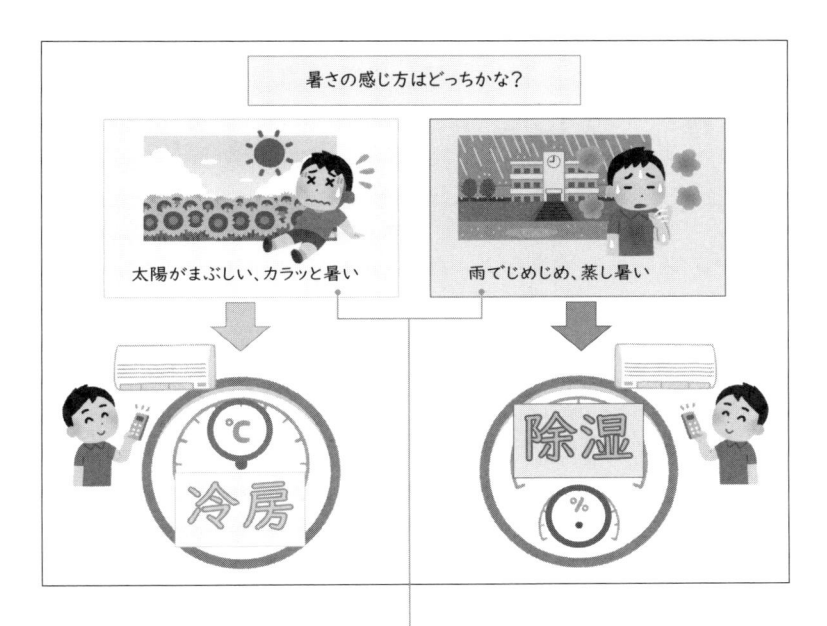

暑さの感じ方はどっちかな？

太陽がまぶしい、カラッと暑い

雨でじめじめ、蒸し暑い

Point

温度だけでなく暑さの種類も視覚化すると自分に合った環境調整の方法を学べる。

合理的配慮の観点

| 教育内容 | ▶ 学習上又は生活上の困難を改善・克服するための配慮 |
| | ▶ 学習内容の変更・調整 |

教育方法	▶ 情報・コミュニケーション及び教材の配慮
	▶ 学習機会や体験の確保
	▶ 心理面・健康面の配慮

 空間を広げ，教材が使いやすくなる

デスクレスト

　教科書やタブレット端末など，授業では様々な教具を活用します。授業内容によっては机の上のスペースが狭くなり，資料を確認しにくくなったり物が落ちやすくなったりと，学習が途中で中断されてしまうこともあります。そのような時，調整可能なデスクレストなどのツールがあることで，机のスペースが広がり学習に取り組みやすい環境になります。

ねらい

○子どもの机のスペースを確保し，授業に取り組みやすい環境をつくる。
○簡単に付け外しができるので，児童生徒によっては自分で考えながら環境を調整することを目標に活用する。

教材の使い方

①安全面を考慮し，市販の製品を用意する。
②机の側面や前方に取り付けたり，付け方も角度を持たせたりすることができるため，学習内容に応じて様々な使い方を想定する。

　ツールを使ってスペースを確保するだけでなく，必要な物だけ机上に準備するように声かけをするなど，物的な環境調整や人的な働きかけなどの組み合わせが大切になります。あくまでも方法の1つとして考えてみましょう。

写真提供：三和製作所

Point
教科や学習内容に合わせて
学習しやすい環境を整える。

Point ♀
必要な物だけ机に置くよ
うに伝えるなどの声かけ
も大切！

合理的配慮の観点

教育内容	▶ 学習上又は生活上の困難を改善・克服するための配慮
	▶ 学習内容の変更・調整

教育方法	▶ 情報・コミュニケーション及び教材の配慮
	▶ 学習機会や体験の確保
	▶ 心理面・健康面の配慮

4 筆箱の中身がわかり管理しやすくなる
クリアタイプのペンケース

毎日使う筆箱ですが，中身が見えにくい構造の場合は，鉛筆が足りない，消しゴムが小さくなって使いにくくなっているなど，その状態にまで意識が向きにくいものです。また，周囲も気付きにくく，必要な言葉かけを逸してしまうこともあります。そのような時にはクリアタイプのペンケースを使ってみることで，中身が可視化され準備などに取り組みやすくなることが期待できます。

ねらい

〇必要な筆記の準備に取り組みやすくする。
〇周囲も気付きやすくなり，児童生徒に必要な言葉かけをしやすくする。

教材の選び方

〇クリアタイプのペンケースを用意する。

　＊様々なタイプのペンケースがあるので，児童生徒の好みや使いやすさなど，総合的に検討する。児童生徒自身が選べるようにする。

「鉛筆は足りているかな？」「削ったかな？」「消しゴムは使いやすい大きさかな？」などの具体的な言葉かけも大切です。さらに，自分で確認しやすい道具の工夫があれば言葉かけを受ける前に，進んで整えようとする姿に繋がりやすくなることが期待できます。

Point

本人も周りも筆箱の中身の状態に気を配れるようにする。

合理的配慮の観点

教育内容	▶ 学習上又は生活上の困難を改善・克服するための配慮 ▶ 学習内容の変更・調整
教育方法	▶ 情報・コミュニケーション及び教材の配慮 ▶ 学習機会や体験の確保 ▶ 心理面・健康面の配慮

 5 自ら授業準備に取り組める
授業準備予告シート

　授業が始まる時に，まだ授業準備ができていないことがあります。その結果，授業参加が遅くなったり準備が整わないまま授業が進んでしまったりすることも…。そのような時には授業開始前の休憩時間に焦点化することも1つの方法です。授業が終わり休憩時間に入る前に，「次は○○です。こんなふうに準備をしてから休憩にしましょう」などと具体的な指示や説明があれば，休憩時間のうちにある程度の準備を済ませることができます。最初は教師からの言葉かけが必要になると思いますが，習慣化すれば児童生徒自ら準備に取り組むといった姿も期待できます。

ねらい

○授業準備を整え授業に参加することができるようにする。

教材の作り方・使い方

①文字やイラストを使いながらわかりやすい授業準備予告シートを作る。
②実態に合わせて，黒板に授業で必要なものの絵カードを貼って全員に伝えるなどを日直の児童生徒の役割としても活用する。

　授業準備ができていないことで，授業開始からつまずいてしまう場合が少なくありません。例えば授業開始時に「準備は大丈夫かな」などと言葉かけすることも1つの確認方法です。

次は社会です。
こんな風に準備してから
休憩にしましょう！

社会

Point 💡
目で見てわかるようにすることで，
自ら次の授業の準備に取り組める
ようにする。

Point 💡
慣れてきたら，日直の児童生徒が
授業で必要なものを伝える役割を
することで主体性を育む。

合理的配慮の観点

教育内容	▶ 学習上又は生活上の困難を改善・克服するための配慮
	▶ 学習内容の変更・調整

教育方法	▶ 情報・コミュニケーション及び教材の配慮
	▶ 学習機会や体験の確保
	▶ 心理面・健康面の配慮

① 目指したい姿勢がわかる
姿勢を示すシート

姿勢が崩れやすい，じっと座っていられない・立っていられないなど，児童生徒の気になる様子に教師は自然と気付いてしまうものです。それを見て「ちゃんと座って」「じっと立ちます（ふらふらしない）」など指示や注意が多くなりがちです。ここではどのように座ることがよいのか，どのように立つとよいのか見本を示すことが大切です。そして，よい姿勢の時にさりげなく言葉をかけることで，お互いに前向きに取り組むことに繋がります。

ねらい

○どのような姿勢がよいのか，目安がわかり意識することができるようにする。
○言葉と視覚的な手立てを組み合わせることで，より具体的に伝える。

教材の作り方

①２つのイラスト（よい姿勢・悪い姿勢）を用意する。
②よい姿勢のイラストを○で囲むなど，強調する。
　＊悪い姿勢に×をしない。強調しないことがポイント。

　悪い姿勢に注目するのではなく，よい姿勢に視点を向け肯定的に伝えていくことが大切です。教師の言葉かけは児童生徒たちの見本に繋がります。ぜひ前向きな言葉かけを考えていきたいものです。

正しい姿勢を心がけよう

Point 💡
〇で囲んでよい姿勢を
強調する。

正しい姿勢を心がけよう

Point 💡
悪い姿勢には特に触れ
ない（強調しない）。

合理的配慮の観点

教育 内容	▶ 学習上又は生活上の困難を改善・克服するための配慮 ▶ 学習内容の変更・調整
教育 方法	▶ 情報・コミュニケーション及び教材の配慮 ▶ 学習機会や体験の確保 ▶ 心理面・健康面の配慮

2 立ち位置がわかり，主体的な活動参加に繋がる
足型マーク

どこに移動すればよいのかわからない，友達を見て後を追うように移動する，個別に伝えないと移動できないなどの原因は様々です。本人にとっては手順が複雑でまだ十分に理解できていないのかもしれませんし，単に指示を聞き逃してしまったのかもしれません。移動に関する指導や支援で共通するポイントは，言葉による説明に加えて視覚的な手立てを使用することです。スタートラインとゴールテープがあるように，足型マークがあれば大きな目印になり，進んで移動することに繋がります。

ねらい

○視覚的な手立てを通して，目で見て確かめながら活動に取り組むことができるようにする。

教材の作り方・使い方

○滑り止めマットなどを足型マークや丸型に切り，活動の立ち位置となる場所に置いておく。

＊ PC 上で作成・印刷しラミネート加工をするなど，様々な作成方法がある。

○特定の形はないため，児童生徒の実態や活動場所等に応じて作成する。

券売機前のマークや表示など，私たちの社会生活にもこのような表示の工夫が多く施されるようになりました。特別な手立てではなく，当たり前の工夫として柔軟に活用を検討してほしいと思います。

Point
目で見てわかるようにすることで,
自分で立ち位置に動くことができる。

合理的配慮の観点

| 教育内容 | ▶ 学習上又は生活上の困難を改善・克服するための配慮 |
| | ▶ 学習内容の変更・調整 |

教育方法	▶ 情報・コミュニケーション及び教材の配慮
	▶ 学習機会や体験の確保
	▶ 心理面・健康面の配慮

3 着席して授業に参加できる時間を増やす
椅子周りのツール

　じっと座っていられない，座っていてもすぐに立ち上がるなど，着席場面でも様々な姿が見られます。「じっと座って」や「そわそわしない」ではなく，落ち着いて座っていることができる，多少動きがあっても周りが気にならないツールの活用が大切です。一人一人の様子に応じたツールの利用を検討してみましょう。

ねらい

○着席に伴う動きの安定を図り，座っていることを維持しやすくする。
○ツールの活用を通して，本人なりに着席できる状況を増やす。

考え方

○その子の様子から必要なツールを検討する。
　＊クッションやシートなど安定感を向上する様々なツールがある。足の感覚刺激を得た方が
　　着席を維持しやすい場合は，椅子の脚と脚の間にゴムを通すような方法もある。
○家庭での実践が参考になる場合もあるので，面談等を通して家庭で取り組んでいることを聞いてみることも大切である。

　普段の生活の中でクッションやシートを使って座り心地を調整するのと同じように考えてみることが大切です。特別扱いではなく，必要な児童生徒には適切な座位の補助具の活用を図るという視点が求められています。

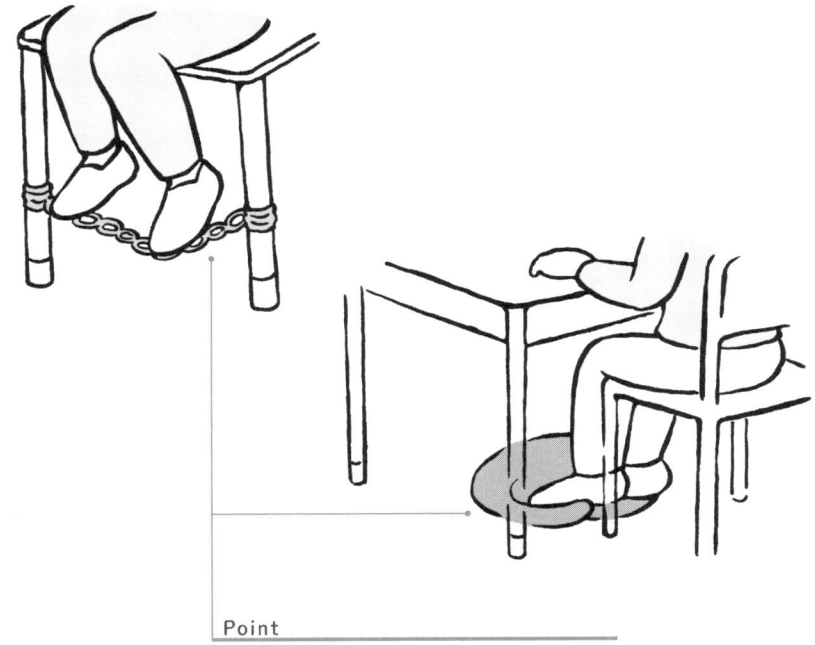

Point

足に感覚刺激を与えるツール，クッション，
シートなどその子に合ったものを活用する。

合理的配慮の観点

| 教育内容 | ▶ 学習上又は生活上の困難を改善・克服するための配慮 |
| | ▶ 学習内容の変更・調整 |

教育方法	▶ 情報・コミュニケーション及び教材の配慮
	▶ 学習機会や体験の確保
	▶ 心理面・健康面の配慮

4 落ち着いて学習に取り組める時間を増やす
支援の視点

「いつ・どんな時に落ち着きがなくなるか」や「どんな時に落ち着いて座っているか」を考えることも大切です。特に落ち着いて課題に取り組めている要因（仮説）をヒントに授業内容や構成を見直してみるなど，前向きな授業改善の機会にしようとする視点に意義があります。

ねらい

○学習課題に取り組むために必要な支援等について客観的に考える。

考え方

○気になる場面（じっと座っていることが難しいなど）は，いつ・どんな時に起きやすいかを考える。学習内容がわからないことが原因なのか，話を聞く時間が長くなり集中の維持が難しくなったのかなど，様々な視点で考えてみることが大切である。
○学習に集中できている場面をヒントに他の場面も工夫してみる。

　また授業目標を達成できていたかどうかという視点で考えると，着席することが目標ではないことに気付けます。授業目標達成のためにどのような支援や手立てがあるとよいかを考え実践してみると，意外と進んで着席して学習に取り組む場面が多くなることがあります。

Point 💡

気になる場面だけでなく，学習に集中
できている場面にも注目する。

合理的配慮の観点

| 教育内容 | ▶ 学習上又は生活上の困難を改善・克服するための配慮 |
| | ▶ 学習内容の変更・調整 |

教育方法	▶ 情報・コミュニケーション及び教材の配慮
	▶ 学習機会や体験の確保
	▶ 心理面・健康面の配慮

5 力加減を意識できるようになる
事前と事後の関わり方

「力加減がわからず友達を強く押してしまう」などの気になる姿がある場合は事前・事後の2つの視点から考えることが大切です。

事前で大切なことは、ちょうどよい加減はどれくらいかをわかりやすく伝えることです。「こんな時どうする?」と確認しておくことなども考えられます。見えにくい加減や状況に応じた振る舞い方を一緒に確認しておきます。事後で大切なことは、「それは相手も困るよ。ちゃんと謝ろうね」などのように、改めるべきことを端的に伝え、必要な対応を求めるような関わりです。

ねらい

○状況に応じて加減しながら関わることができるようにする。

考え方

○気持ちが高ぶって強く関わってしまった時には、まずは相手に謝ることが大切であることを伝える。その上で、本人が力加減を意識できるように伝え、できた時には「それで大丈夫だよ」などと認めていくようにする。

「何回も伝えているのに、また?」「何回言ったらわかるの?」と長々と言うのではなく、いけないこと・すべきこと、必要な振る舞いなどを伝えるようにしましょう。また、事故やケガにつながるおそれがある場合は支援体制を整理し、大人が間に入ったり見守りを意識したりする工夫が必要です。

Point 💡

謝れた時にはそのことを肯定する。
どのように行動を改めるべきかについても簡潔に伝える。

合理的配慮の観点

| 教育内容 | ▶ 学習上又は生活上の困難を改善・克服するための配慮 |
| | ▷ 学習内容の変更・調整 |

教育方法	▷ 情報・コミュニケーション及び教材の配慮
	▶ 学習機会や体験の確保
	▶ 心理面・健康面の配慮

1 子どもの聞く姿勢を整える
話し始めの工夫

課題に取り組む時間にすべきことがわからず固まる子どもを見て，「先生の話を聞いていないからわからないんだよ」と注意するような事後の関わりが見られます。しかし，事前の配慮を十分に行う関わりが大切です。話し始めの時に，子どもが教師の方に注意を向けることができるよう，間を取ったり全体や個別に注意喚起の言葉かけをしたりします。

ねらい

○進んで相手の話を聞こうとすることができるようにする。

考え方

○授業でポイントとなるような大事な話をする時には，まずは子どもたちの聞く姿勢をつくるようにする。

○全体への指示→個別の言葉かけ→個別の援助（支援員など近くの先生が「前を向くよ」と関わる）などのように，段階的に考える。

「聞く準備をしましょう」などと注意喚起し，次に少しの間を空けて話し始めるようにします。それでも難しい場合は，段階的な働きかけを通して聞く姿勢をつくるよう働きかけることが大切です。後から「ちゃんと話を聞かないと駄目だよ」と注意するよりも，「ちゃんと聞けてよかったね」とフィードバックする方が教師・子ども相互にとって前向きな経験に繋がります。

Point 💡
話を始める前に子どもの聞く姿勢をつくる。

Point 💡
全体への支援→個別の言葉かけ
→個別の援助の順に段階的に関
わる

Point 💡
ちゃんと話を聞けている様子が見られたら、
「ちゃんと聞けてよかったね」とポジティ
ブなフィードバックを返す。

合理的配慮の観点

| 教育内容 | ▶ 学習上又は生活上の困難を改善・克服するための配慮 |
| | ▶ 学習内容の変更・調整 |

教育方法	▶ 情報・コミュニケーション及び教材の配慮
	▶ 学習機会や体験の確保
	▶ 心理面・健康面の配慮

2 指示や説明を伝わりやすくする
教師の話型

　教師の話を十分に理解していないような様子が見られた時，理解力などその子に原因があるとするのではなく，私たちが「どのように伝えた方が伝わりやすいのか」というように振り返りをすることが大切です。学年が上がるにつれて，指示や説明も抽象的になったり複雑化したりすることがありますが，学年にかかわらず具体的・端的な伝え方を意識することでより多くの子どもの「わかった」に繋がります。

　例えば，初めに見通しを示し（「これから先生が3つお話をします」や「3分間話をします」など），次に「1 ……。2 ……」と端的に伝え，最後に「では，皆さんで考えてみましょう」というように子どもたちの学習活動に移行します。

ねらい

○教師の話を理解し，活動に取り組むことができるようにする。

考え方

○見通しを示し，端的に要点を伝え，子どもの活動に移行するというイメージをもとに授業内容に応じて説明をする。

　私たちも同様に聞く時間の長さに応じて，注意力・集中力が低下していきます。集中して注意を向けて聞けるようにするために，話し方への意識が大切です。

話のテーマ数だけでなく，話す時間の目安
を伝えるのも効果的。

> これから先生が3つお話をします。
> 1つ目、……………………………。
> 2つ目、……………………………。
> 3つ目、……………………………。

見通しと要点を端的に伝える。

合理的配慮の観点

教育内容	▶ 学習上又は生活上の困難を改善・克服するための配慮
	▶ 学習内容の変更・調整

教育方法	▶ 情報・コミュニケーション及び教材の配慮
	▶ 学習機会や体験の確保
	▶ 心理面・健康面の配慮

3 共通のイメージをもつことをサポートする
視覚的な手立て

　口頭の指示や説明だけでは情報をうまく整理できず，何をすればよい
のかまで考えられない場合や自分なりのイメージで物事を進めてしまう
場合もあります。可能な範囲で視覚的な手立て（文字・イラスト・写
真）で情報を補いながら説明することで，子どもがより具体的に，また
おおよその共通のイメージをもちながら学習に取り組みやすくなります。
　視覚的な手立ては掲示したままにすれば情報が残るので，後から確認
したり振り返ったりすることにも取り組みやすくなります。

ねらい

○（教師）指示や説明をわかりやすくする。
○（子ども）話を聞いて実際に取り組むことができる。

考え方

○学習の予定を伝える際に口頭で「1 ……，2 ……」と伝えることに加え
　て黒板に「1 ……，2 ……」と書いておくことで，後からでも確認する
　ことができ，本時の予定をイメージしやすくする。

　例えばレストランで注文する時，私たちは口頭でおすすめのメニューを聞
くだけでなくメニュー表を見てイメージし食べたいものを選びます。その感
覚で情報提示を考えることが大切です。

合理的配慮の観点

教育 内容	▶ 学習上又は生活上の困難を改善・克服するための配慮
	▶ 学習内容の変更・調整

教育 方法	▶ **情報・コミュニケーション及び教材の配慮**
	▶ 学習機会や体験の確保
	▶ 心理面・健康面の配慮

4　自ら聞く姿勢を整える
静かにボード

　授業前の騒がしい状況でも大きな声で「静かにしましょう！」と伝えれば，全体が静かになるはずです。でもそれは最終手段であるべきで，その前にどのようにすれば注目できるかを考えることが大事だと思います。無言で教卓に立っていれば気付いた児童生徒から静かになるでしょう。しかしそれよりも具体的なツールを活用した方が，より多くの児童生徒に届きやすいと考えます。そのツールが「静かにボード」です。

ねらい

○授業前や話し合い活動から教師の説明等に切り替わる際に，全体が静かに教師の方に注目できるようにする。

教材の作り方・使い方

①市販のクイズボード，割りばし，うちわとイラストなどを使って「静かにボード」を作成する。

＊右ページのようにカニでなくても，静かにする意味が伝われば何でもよい。

②静かになってほしい場面で「静かにボード」を提示する。

　繰り返し使うことで，児童生徒も「この時は静かに先生の話を聞かないと…」と意識し，ボードがなくても先生が教卓に立てば静かに注目することができるようになるかもしれません。

Point

具体的なツールの活用を通して静かにする
ことを意識させる

話し合いは一度終わりにして、
次の活動の説明を聞きます。

"静カニ" だ…！

あっ

Point

繰り返し活用することで，「この時は静かに先生の
話を聞かないと…」という意識を育てる。

合理的配慮の観点

| 教育内容 | ▶ 学習上又は生活上の困難を改善・克服するための配慮 |
| | ▶ 学習内容の変更・調整 |

教育方法	▶ 情報・コミュニケーション及び教材の配慮
	▶ 学習機会や体験の確保
	▶ 心理面・健康面の配慮

5 聞くことの支援が広がる
教師の役割分担

「集団活動の場面で，最後まで話を聞くことが難しい」という相談を受けることがあります。指導者の目に留まるくらいなので，気になる様子であることはわかります。ですが，児童生徒一人一人を見てみると，最後まで集中して話を聞き続ける方が少ない場合が多々あります。ここは聞いてほしい，しっかり注目してほしい，というポイントを明確にして教師が連携し関わることで児童の聞く姿勢が高まります。

ねらい

○子供が話を聞くことができるように教師間で役割を分担する。

考え方

○集団全体に指示や説明をする人，特に配慮が必要な児童生徒に個別にフォローする人というように役割を分担する。

＊どのような時に個別に言葉かけなどの支援をすればよいかを事前に教師間で確認しておく。

○端的でわかりやすい言葉を用いたり，文字やイラストなどで視覚的に伝えたり，「1 ……，2 ……」というように段階的に整理して伝える。

○その後の子供たちの様子から，言われたことを理解できたかを確認し，指導・支援の評価改善を図る。

「先生の方を見てね」「今は聞く時間だよ」など，具体的に何をするのかわかるように伝える方が聞き入れやすくなります。

端的な説明と視覚化で聞きやすい環境をつくる。

役割分担をし，全員に話が伝わるようにする。
どのような時に個別の支援を行うかを事前に決めておく。

合理的配慮の観点

教育内容
▶ 学習上又は生活上の困難を改善・克服するための配慮
▶ 学習内容の変更・調整

教育方法
▶ 情報・コミュニケーション及び教材の配慮
▶ 学習機会や体験の確保
▶ 心理面・健康面の配慮

1 文章に書かれていることを整理できる
5Wシート

「文章を読み，どんなことが書かれていたか答えることが難しい」と
いった実態について，文字や単語の理解についての支援のニーズがある
場合もあれば，複数の情報を整理して必要な情報を答えることについて
の支援のニーズがある場合もあります。「いつ・どこで」などについて，
具体的な手立てをもとに整理し，そこから必要な情報を答えられるよう
にします。また，手立てを通してどのような観点で情報を整理するのか
わかりやすくし，他の場面での活用にも繋げやすくします。

ねらい

○文章に書かれていることを整理し，問いに応じて答えることができるよう
にする。

教材の作り方・使い方

①表の中に，数字やイラスト，キーワードを記入する。

　＊文章題によって観点は様々だが，右ページの例では１から５までの順番を表す数字を振っ
　　ている。数字があることで順番を捉えやすくしたり，「１を考えてみましょう」などと指
　　示や説明を出しやすくしたりする意図がある。

②空白の箇所には課題に応じた内容を記入できるようにする。

　コピー用紙に印刷したりホワイトボード上で作ったりするなど複数の方法
があります。子どもや課題に応じて使いやすい方法を考えてみてください。

Point
数字があることで着目する順番がわかったり，教師が指示や
説明をわかりやすく伝えることできる。

1		いつ	
2		どこで	
3		だれが	
4		なにを	
5		どうした	

Point
文章を読んで情報を整理する時の観点を示す。

合理的配慮の観点

教育内容	▶ 学習上又は生活上の困難を改善・克服するための配慮
	▶ 学習内容の変更・調整

教育方法	▶ 情報・コミュニケーション及び教材の配慮
	▶ 学習機会や体験の確保
	▶ 心理面・健康面の配慮

2 安心して読む課題に取り組める
音読記録シート

　学校では，読むことに意識を向けて取り組んでほしいと考え，様々な指導の工夫をされています。ただ，音読の活動の中には緊張感を伴うものもあります。私自身の経験としては「リレー読み」が印象に残っています。自分よりも前の友達の音読を注意深く聞き，順番が近づくにつれて緊張感が高まったことを思い出します。うまく音読できればよいのですが，間違った時の気まずさは相当のものです。

　安心して音読に取り組むために，まずは「読み間違ってもよいこと」をはっきりと伝えてほしいと思います。

ねらい

○自分なりに考えながら音読に取り組むことができるようにする。

考え方

○音読を始める前に，「大切にしてほしいこと」を共有する。
○読み間違いはいけないことではなく，どんな工夫が必要かを考え，自分なりに工夫しようとすることに繋げる。

　読み間違った箇所は振り仮名を付けることや色分けで強調するなど，具体的な対策をすることが重要です。失敗ではなくより前向きに音読に取り組むための学びになることをぜひ伝えてほしいと思います。

音読記録シート

| | 月 | 日 | 曜日 |

| 【作品名】（さくひんめい） | |
| 【ページ】 | |

ポイント	自分で振り返ろう			おうちの方より
	1回目（かいめ）	2回目（かいめ）	3回目（かいめ）	
1. 正しく読むことがで きましたか？				
2. はっきりと読むことが できましたか				
3. すらすらと読むこと ができましたか？				

【可能な場合は、最後におうちの方から評価をお願いします】

◎…よくできた　○…できた　△…もう少し

「正しく読む」…文章を間違わずによむこと
「はっきりと読む」…聞いている人が聞きやすい声の大きさで読むこと
「すらすらと読む」…途中で止まらずに文章を読むこと

Point
振り返りの中で目標を達成するための具体的な対策を考える。

合理的配慮の観点

| 教育内容 | ▶ 学習上又は生活上の困難を改善・克服するための配慮
▶ 学習内容の変更・調整 |
| 教育方法 | ▶ 情報・コミュニケーション及び教材の配慮
▶ 学習機会や体験の確保
▶ 心理面・健康面の配慮 |

3 書き手・登場人物の感情を考えることをサポートする
感情カード

国語科の授業では文章を読みながら登場人物の気持ちを考える課題があります。感情の移り変わりやその根拠は文章で表現されていますが，文章を読みながら情報を整理することが苦手な場合などは，なかなか難しい課題でもあります。そのような時には，板書に感情カードを提示しながらより視覚的に把握できるようにすることで，より自分で考えやすくなる場合があります。

ねらい

○視覚シンボルの活用を通して，登場人物の気持ちを考えやすくする。

考え方

○感情表現を示すイラスト（感情カード）を提示する。

＊感情カードは登場人物の気持ちを視覚化するだけでなく，「今の自分はどのような気持ちで，それはなぜなのか」を考える経験にも繋がる。

感情カードのようなわかりやすいイラストであれば，段落ごとの感情の推移を捉えやすくなります。感情カードを選択肢とすることで，より自分で考えやすくもなります。また，教師から子どもへの問いかけも「どんな気持ちだと思う？」ではなく「どんな気持ちか選んでみよう」とより具体的な指示や説明にも繋がります。

Point 💡
感情カードを選択肢とすることで，
考えやすくすることもできる。

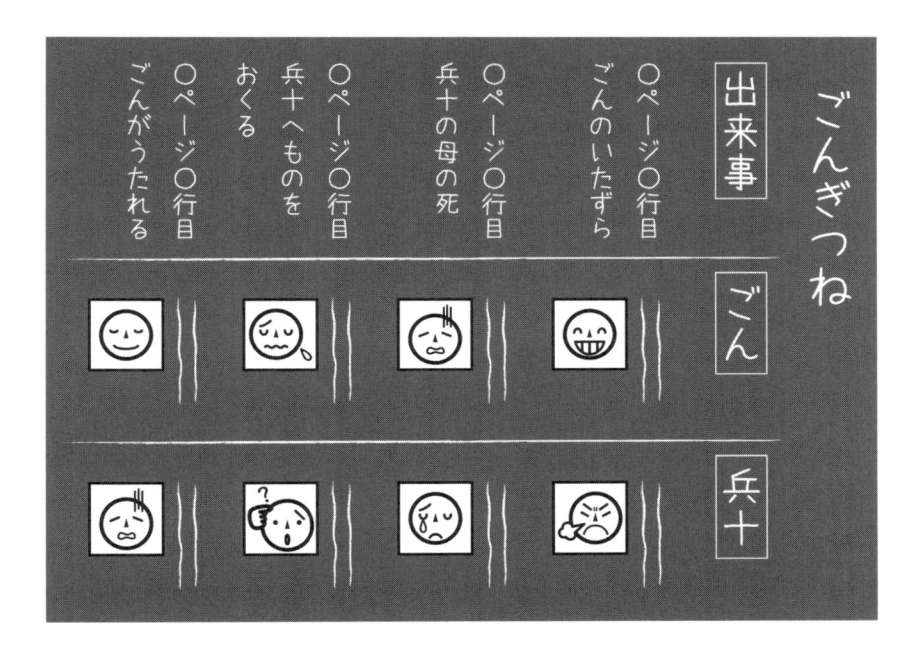

ごんぎつね

出来事	ごん	兵十
○ページ○行目 ごんのいたずら		
○ページ○行目 兵十の母の死		
○ページ○行目 兵十へものをおくる		
○ページ○行目 ごんがうたれる		

Point 💡
段落ごとの感情の推移を捉えやすくする。

合理的配慮の観点

教育内容	▶ 学習上又は生活上の困難を改善・克服するための配慮
	▶ 学習内容の変更・調整

教育方法	▶ 情報・コミュニケーション及び教材の配慮
	▶ 学習機会や体験の確保
	▶ 心理面・健康面の配慮

4 読むことへの負担を減らす
道具や表示の工夫

　例えば反復的に音読に取り組むことに加えて道具や表示の工夫をすることで，読むことにより取り組みやすくなります。従来の指導方法に加えて，ツールの活用を検討してみることがポイントです。

　広く認知されるようになったカラーバールーペやリーディングルーラーの他にも，様々な道具があります。表示の工夫として，文節に区切り線を入れることや読み間違いが起きやすい箇所には蛍光ペンで目印を付けておくことなども考えられます。最近は蛍光ペンの種類も豊富になり，児童生徒一人一人の見やすさに応じたペンを選ぶことも可能になりました。

ねらい

○道具や表示などの工夫を通して，文章を読みやすくする。

考え方

○市販の道具を使用し，一人一人の読みやすさに合った方法を工夫する。

　カラーバールーペ，マルチチェック定規（ともに共栄プラスチック），リーディングルーラー（Crossbow Japan），モジサシ定規（クツワ）などがあります。この他にもカラーの下敷きを文字に当てて読むなど，代替可能な場合もあります。ぜひ考えられる道具から試してみてください。

Point
読むところがわかりやすくなる。

Point
様々なツールを活用し，一人一人の
読みやすさに合った方法を探す。

合理的配慮の観点

| 教育内容 | ▶ 学習上又は生活上の困難を改善・克服するための配慮 |
| | ▶ 学習内容の変更・調整 |

教育方法	▶ 情報・コミュニケーション及び教材の配慮
	▶ 学習機会や体験の確保
	▶ 心理面・健康面の配慮

5 読みやすさをカスタマイズできる
デジタル教科書

デジタル教科書では様々なニーズに応じて教科書を読みやすいようにカスタマイズできます。発行会社によって様々な表示の工夫がなされています。デジタル紙面の色，文字の拡大・縮小，マーカー，図形の挿入など，多機能が実装されています。ぜひチェックしてほしいと思います。

ねらい

○教科書を読みやすくし，学習内容がわかり進んで課題に取り組むことができるようにする。
○自分なりの読みやすさがわかり，必要な表示を選択することができるようにする。

考え方

○教科書発行会社から出されているデジタル教科書を使用し，児童生徒自身に合う表示を見つける。

デジタル教科書は児童生徒一人一人の学びやすさにカスタマイズできるツールの1つです。これからよりその活用が広がっていくと思います。実際の運用に当たっては，学校や教育行政等に相談しながら合意形成を図ることもあるかもしれません。ぜひ相談できる人を頼りながら柔軟な運用，個に応じた学習環境の充実に繋げてほしいと思います。指導方法の幅も広がり，学習者にも指導者にもよい活用が期待されます。

総ルビ表示

教科書のすべての漢字にルビ（ふりがな）をつけることができます。

> 見当をつけた商が小さすぎた
> 大きくしていきます。
>
> 見当をつけた 商 が小さすぎた
> 大きくしていきます。

読み上げ

教科書の紙面のテキストをタップすると、ハイライトしながら読み上げます。ハイライトの色も変更できます。

> 側面はどのような...

> 1　側面はどのような形になりますか。
>
> 2　上の円柱の展開図は、下のようになります。

　ルビ表示機能があれば、わからない漢字も自分で読み方がわかり読み進めることができます。また読み上げ機能を使って聴覚も活用しながら聞く・読むなど、一人一人のニーズに応じた活用が広がります。他にも、ディスプレイの白色を淡色に変更する機能も搭載されているなど、見やすさのカスタマイズも可能です。

画像協力：大日本図書株式会社（『つばさブックパンフレット』（小学校版）より）

Point 💡

児童生徒一人一人の学びやすさに合ったカスタマイズを探す。

合理的配慮の観点

| 教育内容 | ▶ 学習上又は生活上の困難を改善・克服するための配慮 |
| | ▷ 学習内容の変更・調整 |

教育方法	▶ 情報・コミュニケーション及び教材の配慮
	▷ 学習機会や体験の確保
	▷ 心理面・健康面の配慮

 「ここを見て」の"ここ"が伝わる
提示の工夫

先生が全体に向かい「（黒板の）ここを見て」と言葉をかける様子はよく見られます。多くの子どもたちは黒板を見ますが，中にはどこに注目すればよいのかわからない子どももいます。そのような時には，指示棒を使うことで「ここ」がわかりやすくなります。また，シンボルを貼付しておけば先生がその場に居なくても，子どもたちはいつでもシンボルを手掛かりに取り組むことができます。それだけでは十分ではない場合には，個別に言葉かけをするなど段階的に関わることに繋がります。

ねらい

○（子ども）どこを見ればよいのかがわかり，課題に取り組むことができる。
○（教師）提示箇所を明確にしながら授業を進めることができる。

考え方

○言葉かけは一過性が高く，指示を聞き逃したり十分に確認できないまま課題に移ったりすることがあるため，視覚的な手立ての併用が大切である。文字カード（「注目」「ポイント」等）やシンボルマークなどが有効である。

見てわかるために具体的な手立ての活用（＝環境調整）を行い，その次に個別の支援（言葉かけや近くで見る箇所を指差しするなど）を行うような段階的な対応が大切です。

Point 💡

指示棒やイラストを使うことで子どもに見てほしい箇所を明確にできる。

Point

指示カードがあることで，先生がその場を離れた後にも子供にとっての手掛かりが残る。

合理的配慮の観点

教育内容	▷ 学習上又は生活上の困難を改善・克服するための配慮
	▷ 学習内容の変更・調整

教育方法	▶ 情報・コミュニケーション及び教材の配慮
	▶ 学習機会や体験の確保
	▷ 心理面・健康面の配慮

聞いて，見て，取り組める
② 1枚スライド

「一斉指示を聞くことが難しい」「一斉指示を理解して取り組むことが難しい」などの実態がある場合には，聞くことや聞いたことを理解することのいずれかに教育的な配慮が必要です。どのような工夫があれば自ら課題に取り組むことができるのか考えることが大切です。加えて，口頭で伝える際の要点をスライド1枚にまとめて提示するなど，見てわかるような手立ての工夫も考えられます。後からでも確認できる手立てがあることで，自ら手立てを活用し課題に取り組む経験に繋がります。

ねらい

○聞いたことを見て確認できるようにする。

考え方

○教師の指示や説明を可能な範囲で端的にすることで，聞く・理解することに取り組みやすくする。
○指示などを後からでも確認できるように，文字やイラストで視覚化したものを提示しておく。

「ここは大事だよ」と特に強調して伝えたいことは，話し言葉に加えて文字で提示しておくことで，後からでも確認でき，また子ども同士でもう一度確認しながら課題に取り組むなどの主体的な姿に繋がることも期待されます。

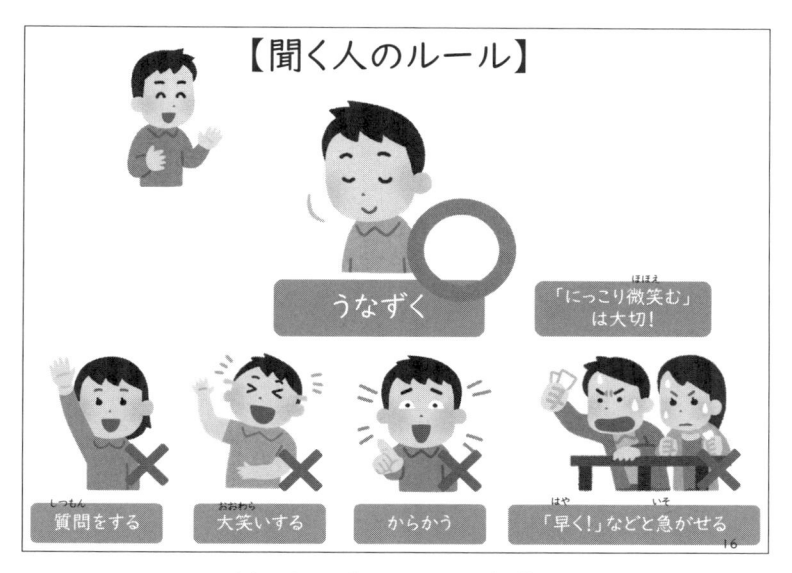

例　聞く活動でのルールの視覚化

Point 💡
要点はスライド1枚にまとめて提示する。

合理的配慮の観点

教育内容	▶ 学習上又は生活上の困難を改善・克服するための配慮 ▶ 学習内容の変更・調整
教育方法	▶ 情報・コミュニケーション及び教材の配慮 ▶ 学習機会や体験の確保 ▶ 心理面・健康面の配慮

3 見て課題に取り組む経験を重ねる
児童生徒への寄り添い方

　ある程度支援体制が整っており，部分的にでも個別に支援できる時間がある場合は，児童生徒が課題に取り組み終わるまで見守ってください。先生が個別に「（黒板を指差しながら）あの問題を解いてみよう」と言葉かけをしたとします。しかし言葉かけをした後に，先生がそこから離れると，児童生徒の注意が課題から逸れてしまう場合があります。課題に注目し取り組むように促した場合は，その後の様子（問題を解く）まで見守り，「よくできたね」などフィードバックをすることで，児童生徒が見て考える，見て課題に取り組む経験を積み重ねやすくなります。

ねらい

○黒板や問題を見て，課題に取り組むことができるようにする。

考え方

○見ることを促した場合は，できる限り課題に取り組んでいる様子を最後まで見守り，「よく課題を見て，取り組むことができたね」など児童生徒の課題に取り組む姿を前向きにフィードバックする。

　「ちゃんと見ないとわからないよ」ではなく，どこに注目するのかを示し，できる限り取り組み終わるまで（または取り組んだ結果を）先生自身が見て，児童生徒にフィードバックする方が見る経験の積み重ねがしやすくなります。

Point 💡
「あの問題を解いてみよう」などと個別の言葉かけを
した後は，課題が終わるまで見守る。

よく課題を見て
取り組むことが
できたね。

Point 💡
課題に取り組めたことに対する前向きな
フィードバックを行う

合理的配慮の観点

| 教育内容 | ▶ 学習上又は生活上の困難を改善・克服するための配慮 |
| | ▶ 学習内容の変更・調整 |

教育方法	▶ 情報・コミュニケーション及び教材の配慮
	▶ 学習機会や体験の確保
	▶ 心理面・健康面の配慮

 今取り組むべき活動が見てわかる
シンボルの活用

授業は「見る」だけでなく，「聞く」「書く」「考える」「話す」など具体的な活動があります。活動が複雑になると，課題がわからなくなり活動から逸脱したり，わからないまま活動が進んでしまったりすることもあります。そこで，板書に「見る」「聞く」「考える」など課題に応じたシンボル（視覚的な手立て）を提示することで，今取り組むべき活動を明確にし，進んで課題に取り組むことができるようにします。

ねらい

○黒板を見ることで，学習活動がわかり，進んで活動に取り組むことができるようにする。
○学習活動を端的に提示することで，全体にわかりやすく情報を提示する。

考え方

○「見る」は目，「聞く」は耳のイラストのように絵のみのカードだとシンプルに提示できる。イラスト＋文字のように組み合わせることもできるので，学習集団の実態や先生の使いやすさに応じて作成する。

私たちは標識やマークを手掛かりに日常生活を送ることが多くあります。それと同じように授業もシンボルを活用することで子どもたちの主体的な学習をガイダンスしていくような工夫が有効になる場合もあります。

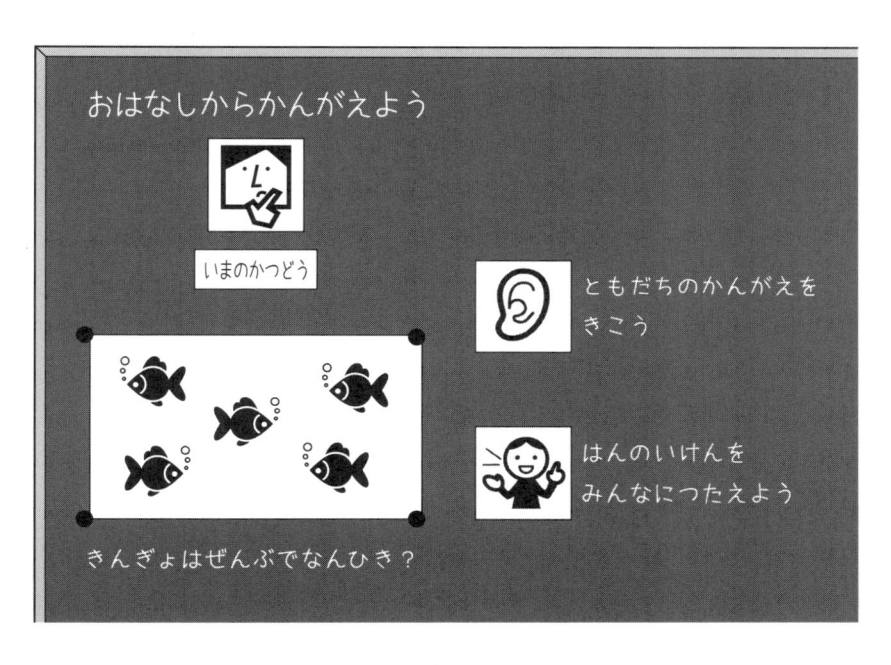

Point 💡

シンボルを通して学習活動をわかりやすく伝える。

合理的配慮の観点

教育内容	▶ 学習上又は生活上の困難を改善・克服するための配慮 ▶ 学習内容の変更・調整

教育方法	▶ **情報・コミュニケーション及び教材の配慮** ▶ 学習機会や体験の確保 ▶ 心理面・健康面の配慮

5 できる「見る」を見つけ，支援に繋げる
実態把握のポイント

　例として，「注意が逸れやすく，課題に注目することが難しい」を挙げます。このような場合，より具体的に実態を把握する必要があります。その子なりに注目している場合もありますし，提示の工夫がある際にはよく注目できている場合もあると思います。より丁寧に実態把握を進めていくと，普段の実践を通して効果的だと思われる工夫があることや，どんな場面で特に苦手さがあるのかなどを掴める場合があります。

ねらい

○子どもの「見ること」の実態把握をより具体的に行う。
○実態把握を通して効果的な工夫や配慮が必要な場面などを具体化する。

考え方

○よく注目できている時の状況と，あまり注目できず個別の支援が必要になる状況の2場面を振り返ってみると大まかな傾向や対策が考えられる。
○座席配置，提示の仕方，教科ごとの得意・不得意などより広い視点から考えることが大切である。また主観をもとに再度その視点から子どもの様子を見ることで実態把握の精度が高まっていく。

　「注目が難しい」ではなく，どんな工夫があると注目できるのか，また特に苦手な場面ではどのような配慮が必要かについて考えることが大切です。

教室の前側中央に
いるときは、板書を
見ながら集中できて
いるな。

窓側の席のときは、
外に注意が逸れて
いるな。

Point 💡

座席配置，提示の仕方，教科など様々な視点から注目
できている場面とそうでない場面の違いを分析する。

合理的配慮の観点

教育内容
▶ 学習上又は生活上の困難を改善・克服するための配慮
▶ 学習内容の変更・調整

教育方法
▶ 情報・コミュニケーション及び教材の配慮
▶ 学習機会や体験の確保
▶ 心理面・健康面の配慮

考え，伝える経験を積み重ねる

1 発問の型の工夫

発問には大きく「オープン・クエスチョン（open question）」と「クローズド・クエスチョン（closed question）」の2つの型があります。授業における発問はオープン・クエスチョン（例えば「〜について考えよう」）が多く用いられます。学習内容や集団の実態にもよりますが，クローズド・クエスチョン（例えば「AとB，どっちだと思う?」）による発問からスタートし，自分の考えを選び，他者に伝える経験を積み重ねることにじっくり取り組んだ方がよい場合もあります。

ねらい

○発問を聞いて自分なりの考えをもったり示したりすることができるようにする。

考え方

○前時の振り返りでは「A or B」の限定した問いを通して簡潔に考えるようにし，本時の主要な活動ではよりオープンな問いかけを通して一人一人じっくり考えるようにするなど，一授業時間の中でも複数の発問を用いながら，子どもたちが多様に考えられるようにする。

最初からオープン・クエスチョン形式の漠然とした問いを考えるよりも，クローズド・クエスチョンから段階的に考えることを深めていくような展開方法も踏まえながら授業づくりに取り組むことが大切です。

Point 💡
まずはクローズド・クエスチョンを用い，全員が自分の考えを選び，他者に伝える経験を積み重ねる。

Point 💡
展開では，オープン・クエスチョンを通して，段階的にじっくり考える機会を設ける。

合理的配慮の観点

| 教育内容 | ▶ 学習上又は生活上の困難を改善・克服するための配慮
▶ 学習内容の変更・調整 |

| 教育方法 | ▶ 情報・コミュニケーション及び教材の配慮
▶ 学習機会や体験の確保
▶ 心理面・健康面の配慮 |

2 自分なりの考えをもつことに繋げる
選択肢の提示

オープン・クエスチョンによる発問をもとに授業を展開する際，なかなか考えが深まらなかったり考えられずに困ったりしている児童生徒がいるかもしれません。その際には，自分で考えられるまで待つよりも，発問に対する考えの例示をいくつか示し，その中から自分の考えに近いものを選ぶようにする方が，子どもも教師も前向きに授業に参加することに繋がります。

ねらい

○選択肢から自分なりの考えに近いものを選ぶことができるようにする。
○選んだ理由を簡単に答えながら，自分なりの考えを深めるようにする。

考え方

○児童生徒の実態によっては問いに対して，最初は2択から始め，次第に3択など選択肢を増やしていくような段階的な取り組みが必要な場合もある。
○「答えられなかった」「できなかった」ではなく，「自分で考え選ぶことができた」などの前向きな経験を積み重ねるようにする。

　最初から「考える」ではなく，「選ぶ→考える」というように段階的に取り組んでいくことが大切です。考える時間を苦手にさせないような環境調整が大切です。

まずは 2 択から始め，子供の様子に応じて
選択肢は増やしていくとよい。

Point 🔍
「選ぶ→考える」の流れの中で，自分で考え選ぶ
ことができたなどの前向きな経験を積み重ねる。

合理的配慮の観点

教育内容	▶ 学習上又は生活上の困難を改善・克服するための配慮 ▶ 学習内容の変更・調整
教育方法	▶ 情報・コミュニケーション及び教材の配慮 ▶ 学習機会や体験の確保 ▶ 心理面・健康面の配慮

3 安心して考えることに取り組める
学級づくり

　自分なりに考えることができる子どもでも，その先のことを考えて不安になる場合もあります。例えば「考えたことをグループで発表しよう」などの活動です。お互いの考えを聞き合い，自身の考えを深めたり広げたりする貴重な機会でもありますが，一方で「こんなこと言って大丈夫かな」「間違っていたらどうしよう」などと考えてしまうこともあります。「正解・不正解はないから，安心して考えてみてね」など，教師が言語化して全体に伝えるようにします。

ねらい

〇活動に安心感をもって，自分なりに考えることができるようにする。

考え方

〇「考えてみましょう」だけでなく，例えば「一人一人違って当たり前だよ」など，先生が思っていることを言語化し学習集団内の安心感を確保することが大切である。

　一人一人の考えには「よい・悪いはないこと」「〇や×ではなく，自分なりに考えることが大切であること」など，教師が活動の目的を全体に向かって説明することで，安心して考え，自分なりの思いをまとめることに繋がります。

Point 💡
教師の言葉かけを中心に安心して考えを共有する
ことができる学習集団をつくる。

合理的配慮の観点

教育内容	▶ 学習上又は生活上の困難を改善・克服するための配慮 ▶ 学習内容の変更・調整
教育方法	▶ 情報・コミュニケーション及び教材の配慮 ▶ 学習機会や体験の確保 ▶ 心理面・健康面の配慮

4 伝える視点を示し，話の具体を引き出す
5W シート

　相手にわかりやすく伝えるポイントとして「いつ」「どこで」「誰が」などの視点がありますが，実際の場面でその視点を意識して伝える機会はそれほど多くはないかもしれません。例えば活動後に，先生が「どうでしたか？」と子どもに聞いても「楽しかったです」「頑張りました」で終わってしまう場合があります。子どもの思いをもっと引き出したい時には「このシートに沿って，自分の気持ちを話してみましょう」などと具体的に活動を設定する方がより具体的に話をしやすくなります。

ねらい

○シートの活用を通して「いつ」「どこで」「誰が」などの視点をもとに，より具体的に話を考えることができるようにする。

考え方

○シートに沿って自分の考えを話すこともあれば，インタビュー形式で話を深堀りしていく方法も考えられる。
○はじめにシートに沿って自分の考えを広げたり深めたりし，次にインタビューを通してやりとりをするような発展性のある取り組みも考えられる。

　何もない状況で考えるよりもシートのような手立てがあれば，より考えやすくなります。

1		いつ	
2		どこで	
3		だれが	
4		なにを	
5		どうした	

Point

「いつ」「どこで」「誰が」などの視点に沿って，情報を整理することでより具体的に考えを深めることができる。

合理的配慮の観点

教育内容	▶ 学習上又は生活上の困難を改善・克服するための配慮 ▶ 学習内容の変更・調整
教育方法	▶ 情報・コミュニケーション及び教材の配慮 ▶ 学習機会や体験の確保 ▶ 心理面・健康面の配慮

5 考える活動に見通しがもてる
流れの視覚化

「考えをまとめ，発表することが難しい」という姿が見られます。授業における「〜について自分の考えを発表してみましょう」という発問では，①何について考えるのか，②それは A or B の選択式か，それともテーマについて自由に考えるのか，③最後にその理由を説明するのかを毎回繰り返し伝えた方が児童生徒も考えやすくなります。黒板に「〜について考えよう」という問いを書いた後には，先ほどの①②③も板書しておくと，情報が視覚化され，より多くの児童生徒の思考を支える手立てになります。ワークシートでも同様の手立てを行いましょう。

ねらい

○問いがわかり，自分なりの考えを整理することができるようにする。
○自分なりの考えを進んで発表しようとすることができるようにする。

考え方

○板書やワークシートなどに箇条書きで端的に考えることを示す。

聞き逃すと戻れない音声情報だけでなく，後からでも読み返せる文字情報もセットの方が，自分なりの考えを整理し，その後伝えることに取り組みやすくなるはずです。

「〜について考えよう」

① 〜について，自分と同じような考えを選ぶ
　　A・・・・・
　　B・・・・・

② 選んだ理由を考える
　（ヒント）「なぜなら〜だと思ったからです」

板書のイメージ

Point 💡

何についてどのような形式でどこまで考えるのかを明確にすることで，
自分なりの考えを整理し，その後伝えることに取り組みやすくする。

合理的配慮の観点

| 教育内容 | ▶ 学習上又は生活上の困難を改善・克服するための配慮 |
| | ▶ 学習内容の変更・調整 |

教育方法	▶ 情報・コミュニケーション及び教材の配慮
	▶ 学習機会や体験の確保
	▶ 心理面・健康面の配慮

1 自分の考えを伝えやすくなる
アンサーボード

「よく考えることはできるけれども，発表することが苦手」という場合があります。注目されることへの緊張感や不安感が強い場合は，口頭で発表すること，書いて発表することなどのように発表方法を工夫することも大切です。また，一人ずつ指名して発表する場合もあれば，電子黒板上で意見を集約して一斉に共有する方法もあります。アンサーボードの活用は，その中間になるものです。クイズ大会のように一斉にボードを掲げることで，視線が集中しないなどのよさがあります。学習活動や集団の実態から考えの共有や発表の方法など，様々な視点から検討してみましょう。

ねらい

○グループで意見を出し合いながら，まとめることができるようにする。

教材の準備・使い方

①ホワイトボードを用意する。

　＊持ち手がついているもの，四角形のホワイトボードなど，どのようなものでもよい。

②自分の考えをまとめ，ボードを掲げる。

　一斉授業の場面やグループ活動の場面など，学習活動や集団の実態に応じて活用を柔軟に検討してみましょう。ボードに事前に書いておくことで，発表の際の手掛かりにもなり，共有場面が充実します。

Point 💡
みんなで一斉にボードを掲げることで注目への
緊張感等を減らしながら発表に取り組める。

Point 💡
ボードに限らず，児童生徒の実態に応じて
多様な発表方法を検討する。

合理的配慮の観点

教育内容	▶ 学習上又は生活上の困難を改善・克服するための配慮 ▶ 学習内容の変更・調整

教育方法	▶ 情報・コミュニケーション及び教材の配慮 ▶ 学習機会や体験の確保 ▶ 心理面・健康面の配慮

2 相手の「いいね」を視覚化できる
タックシール

授業ではお互いの意見を聞き合ったり，考えをまとめたノートを見合ったりします。その時に児童生徒によっては「話を聞いてくれているのかな？」「伝わったかな？」など，不安に思う場合もあります。そのような場面での一工夫としてタックシールの活用が考えられます。話し合い活動・交流活動のルールの１つとして「友達の発表を見たり聞いたりした時には，サインの代わりに相手のノートにシールを貼って伝えよう」ということを追加します。相手の反応が一過性のものではなく，ずっと残り視覚化されるので達成感や充実感にも繋がります。

ねらい

○友だち同士でお互いの反応を視覚化し，伝わった・伝えられた実感を得やすくする。

教材の準備・使い方

①タックシールを用意する。
②発表を見たり聞いたりした友達のノートにタックシールを貼る。

　サインを書くよりもタックシールを貼る方が時間的な節約にも繋がり，より多くの交流機会を確保することに繋がります。児童生徒によってはタックシールにイラストやサインを書いておいたりすることでオリジナルのシールとして活用することもできます。

Point 💡
タックシールを貼ることで相手に聞いていた
ことを伝えつつ，時間を節約し発表場面での
多くの交流機会を確保する。

合理的配慮の観点

教育内容	▶ 学習上又は生活上の困難を改善・克服するための配慮 ▶ 学習内容の変更・調整

教育方法	▶ 情報・コミュニケーション及び教材の配慮 ▶ 学習機会や体験の確保 ▶ 心理面・健康面の配慮

3 話し合い活動を深め，まとめる
発表用ツールの活用

　授業では様々な場面でペアやグループによる話し合い活動が行われます。そして話し合ったことをまとめ，全体で発表・共有します。時々，グループ内での話し合いがまとまりにくい，発表の場でうまく共有することが難しいといった課題を聞くことがあります。原因は一律ではありませんが，「何にまとめて発表するのか」がわかれば，その枠内にまとまるよう取り組むことができます。ホワイトボードなど発表用ツールの活用が有効です。

ねらい

〇各グループ内の発表を伝わりやすくすることで，全体発表の際に互いの発表を見たり聞いたりして理解を深めることができるようにする。

〇子ども同士のグループによる話し合いで取り組む課題が明確になり，グループ活動を具体的に進めることができるようにする。

教材の準備・使い方

〇ホワイトボードなどを活用し，発表の準備に取り組む。

　ICT を活用し，各自の発表スライドをオンライン上に集約し共有する実践もあります。他にも全体発表に向けて練習場面をタブレット端末で録画し，グループ内で確認し合うことでより学びが深まる場合もあります。

発表に使うツールがわかることで，話し合いがスムーズになる。

ホワイトボードの他にもツールはたくさんあるため，
児童生徒の実態に合わせて指定するとよい。

合理的配慮の観点

| 教育内容 | ▶ 学習上又は生活上の困難を改善・克服するための配慮
▷ 学習内容の変更・調整 |

| 教育方法 | ▶ 情報・コミュニケーション及び教材の配慮
▷ 学習機会や体験の確保
▶ 心理面・健康面の配慮 |

安心して発表することに取り組める
発表方法の選択肢

> 　授業の発表場面では「進んで挙手をすることが難しい」「発表しよう
> とする姿は見られるが緊張感が強く，声が小さくなってしまう」など
> 様々な気になる姿があるかもしれません。教師から急かすようなことは
> せず少し待ってみる，子どもの発言を聞き取りながら教師が代弁する，
> マイクを使う，グループ単位の発表であれば全員で発表動画を作成しみ
> んなで視聴するなど，方法も様々あります。

ねらい

○一人一人が自分なりの方法で「発表できた」ということを経験できるよう
　にする。

考え方

○自分で発表できるまで教師は何もせずに待つということも指導の１つとし
　て考えられますが，待ちすぎには注意が必要である。自分なりに発表でき
　るようにするためにはどのような手立てがあるとよいかを考えることで，
　より多くの子どもが参加しやすい授業になる。

　話し言葉で伝えることが絶対ではありません。話し言葉で伝えることにこ
だわらず，多様な方法で発信できる学習環境にすることが大切です。

Point 💡
大きな声を出すのが苦手な子や緊張すると声が小さくなって
しまう子にはマイクなどを活用するのも支援の１つである。

Point 💡
話し言葉で伝えることにこだわらず，動画やスライドでの発表を
行えるようにするなど多様な方法で発表できる学習環境を整える。

合理的配慮の観点

教育内容	▶ 学習上又は生活上の困難を改善・克服するための配慮
	▶ 学習内容の変更・調整

教育方法	▶ 情報・コミュニケーション及び教材の配慮
	▶ 学習機会や体験の確保
	▶ 心理面・健康面の配慮

5 安心して伝え合うことができる
グループ活動でのルール・マナー

> 話し合い活動などのグループでの活動では授業の目的や子供同士でどのような関わり合いを経験できるようにしたいかなどのねらいに応じてグループ編制がなされます。子ども同士の相性や安心してグループ活動に参加できそうな集団構成など，様々な観点から考える必要があります。また，グループ編制だけでなく，話し合い活動などであれば各グループでどのようなことに気を付けてほしいかを明確に伝えた方が，子ども同士のよい相互作用に繋がります。

ねらい

○グループ活動におけるルールやマナーを明確にすることで，お互いが肯定的に関わることができるようにする。

○ルールやマナーをもとに，前向きな視点から言葉かけをする。

考え方

○意識して聞く・見ることができるよう，スライド１枚に端的に記入することがポイントである。学習集団の実態によっては，文字だけでなくイラストで強調するなど，視覚情報にも配慮することでより伝わりやすくなる。

「〜を大切にしましょう」など具体的な行動目標を伝えた方が子どもたちも前向きに理解し，その後の活動もより豊かに展開することが期待できます。

スライドに端的にまとめる。
実態に応じて文字だけでなく，イラストで強調する。

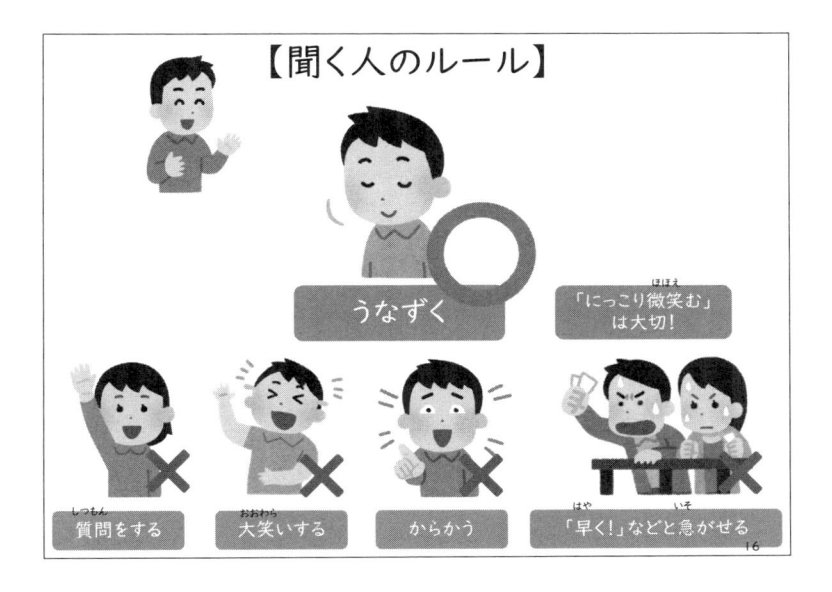

Point 💡

「～してはいけません」という禁止を強調して伝えることも大切だが，
授業の最初は「～を大切にしましょう」など具体的な行動目標を伝え
た方が前向きに取り組むことができる。

合理的配慮の観点

教育内容	▶ 学習上又は生活上の困難を改善・克服するための配慮
	▶ 学習内容の変更・調整

教育方法	▶ 情報・コミュニケーション及び教材の配慮
	▶ 学習機会や体験の確保
	▶ 心理面・健康面の配慮

1 書くことへの負担感・抵抗感を減らす 支援の視点

例えば「丁寧に字を書くことが難しい」や「徐々に字形が乱れてしまう」など，書くことに対する具体的な支援を進める際には教育的ニーズと具体的な手立てを検討することが必要です。視力や見え方に対する配慮，落ち着いて課題に向き合える場の設定，どのように書くとよいのかわかりやすい指導や支援の工夫など複数の視点があることを前提に，より広く考えていくことが大切です。

ねらい

○（教師）書くことの実態を把握し，より具体的な指導や支援に繋げる。
○（子ども）ニーズに応じた手立てを活用することで，書くことへの抵抗感を減らし，前向きに学習に取り組むことができる。

考え方

○一律に苦手な字を何度も書いて覚えるように反復練習に取り組むだけでなく，その子がどこに困っていて，その課題を改善するためにはどのような手立てを講じることが必要かを考える。

専門機関（眼科や相談機関など）の所見を参考にしたり，見やすく書きやすいツールの活用を検討したりするなど，複数の視点をもとに具体的な支援を考えることが大切です。

子供のニーズと具体的な手立ての検討の両方を行う。

ノートの行間を
広いものにしてから
丁寧に書けているな。
徐々に字形が崩れる
課題は残っているから
疲れにくいツールを
探そう。

合理的配慮の観点

教育内容
▶ 学習上又は生活上の困難を改善・克服するための配慮
▶ 学習内容の変更・調整

教育方法
▶ 情報・コミュニケーション及び教材の配慮
▶ 学習機会や体験の確保
▶ 心理面・健康面の配慮

2 全体と個人の両方の支援を可能にする
道具の活用

　例えば，学級全体でマス目付きノートを利用することは，全員が文字間隔を意識して字を書くための配慮や工夫の１つです。それだけでは不十分な場合は個別に言葉かけをしたり，手元をよく見て書けるように見本を近くに提示したりする指導上の配慮を行います。そのような配慮と同じように，子ども一人一人の教育的ニーズに応じてどのような道具の工夫を図るかを考えることも大切です。道具の工夫があれば，個別の支援を受ける前に進んで課題に取り組む機会が増えることに繋がります。

ねらい

○道具の工夫を通して，一人一人がより主体的に書くことに取り組めるようにする。

考え方

○子どもの教育的ニーズに応じて道具の活用を検討する。
　＊特別扱いではなく，必要な子どもに必要な配慮を行う合理的配慮の考え方に基づいている。
○配慮や工夫がその子のためだけではなく，学級全体がより前向きに学習に取り組む手立てになる場合もある。

　「早く書きましょう」ではなく「○分までに書きましょう」とタイマーを提示するなど集団全体に関するものから，右ページのイラストのように「１文字空けて書くことができる手立て」などのように個別の支援まで様々です。

学級全体がより前向きに学習に取り組む手立てを用意する。

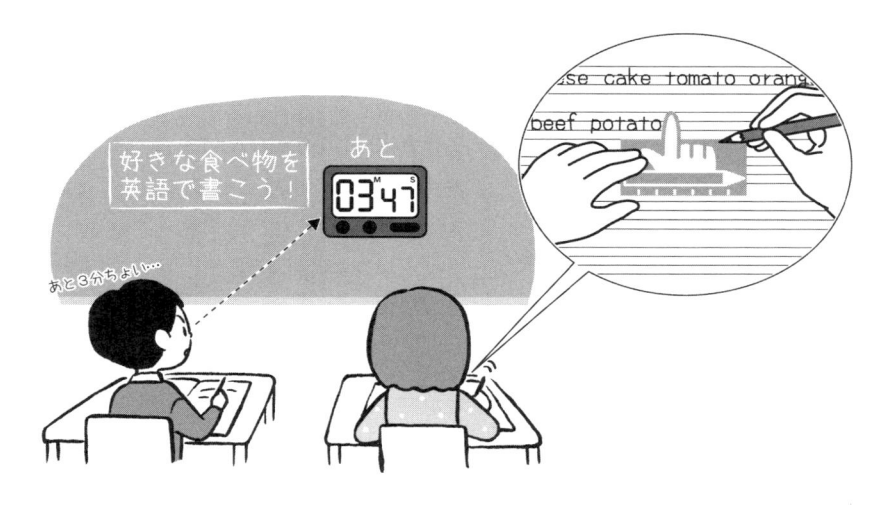

Point 💡

子どもの教育的ニーズに応じて道具の活用を検討する。

合理的配慮の観点

教育内容	▶ 学習上又は生活上の困難を改善・克服するための配慮 ▶ 学習内容の変更・調整
教育方法	▶ 情報・コミュニケーション及び教材の配慮 ▶ 学習機会や体験の確保 ▶ 心理面・健康面の配慮

3 「できた」を積み重ねる 個別目標の設定

　　特別支援教育は一人一人に応じたきめ細やかな指導を特徴とする教育です。その根拠となるのが個別目標で，目標を達成するためにはどのような手立てがあるとよいかを考えるようにしています。書くことについても同様で，例えば今の子どもの実態から全ての文字を丁寧に書くことを目標にするのではなく，教師が子どもに対して「特にここは丁寧に取り組んでほしい」という場面や課題に焦点化して取り組むようにします。目標が達成された場合は，その次の目標にステップアップしていくなど，「できた」ことを積み重ねていくプロセスを大切にしています。

ねらい

○個別目標を設定することで，子どもの実態に沿った学習を積み重ねることができるようにする。

考え方

○課題（書く内容や量）を調整することで子どもが進んで取り組むことができるようにする。教師の関わり方も一対一で支援する直接的な関わりや穴埋め式のプリントを準備するなど教材教具の工夫も考えられる。

　　その子が今どのように課題に取り組めるとよいかを考え，そのための具体的な支援を計画し積み重ねていくことが大切です。

Point 💡

身に付けてほしいことを意識して課題の量を調整する。

合理的配慮の観点

| 教育内容 | ▶ 学習上又は生活上の困難を改善・克服するための配慮
▶ 学習内容の変更・調整 |

| 教育方法 | ▶ 情報・コミュニケーション及び教材の配慮
▶ 学習機会や体験の確保
▶ 心理面・健康面の配慮 |

4 自ら字形を意識して書くようになる
訂正の伝え方

　書き間違いやもう少し字形を意識して書いてほしい時に修正を促す場面があります。正しい文字に書き直すことは，大切な指導の１つですが，その際の言葉かけや関わりを少し配慮するだけで，その後の子どもの取り組みの姿が異なる場合があります。よく書けた文字と訂正が必要な文字を併せて伝えること，訂正箇所が多い場合は全てを訂正するのではなく，特に訂正してほしい箇所を抜き出すなど，調整や線引きを意識することです。大切なことは子どもが字形を意識して書こうとすることやうまく書けたことへの達成感を実感することであると思います。

ねらい

○間違いがわかり，正しい字形を意識して再度取り組むことができるようにする。

考え方

○よく取り組めた部分と改善が必要な部分を併せて伝える。
○子ども自身が前向きに課題を振り返れるようにするとともに，次の目標を意識し意欲的に取り組もうとすることに繋げる。

　まずは子どものよい部分を見つけることを意識すると，先生の見方も前向きになり，よりポジティブな子どもとの関わり合いに繋がります。

訂正箇所が多い場合は特に訂正してほしい箇所に
絞って伝える。

Point 💡
よく取り組めた部分と改善が必要な部分を一緒に伝える。

合理的配慮の観点

| 教育内容 | ▶ 学習上又は生活上の困難を改善・克服するための配慮 |
| | ▶ 学習内容の変更・調整 |

教育方法	▶ 情報・コミュニケーション及び教材の配慮
	▶ 学習機会や体験の確保
	▶ 心理面・健康面の配慮

5 書くことに前向きに取り組める
漢字ノートのフィードバック

　教師は様々な場面で児童生徒のノートチェックをします。1文字1文字確認し，トメ・ハネなどを意識できるようにフィードバックすることもとても大切なことです。それと同じように，もしくはそれ以上に，特に丁寧に書くことができた文字について「よく書けたね」と伝えることも大切です。「この文字は特によく書けたね」「この文字のこの部分，特にいいね」など，児童生徒が聞いて喜ぶ，また次も頑張ろうと思うようなフィードバックを考えてみましょう。

ねらい

○（教師）特によく書けた文字にスタンプなどを押し，フィードバックする。
○（子ども）どこがよかったのかがわかり，書字に対して前向きに取り組もうとする思いをもつことができる。

考え方

○子どもの姿勢を前向きに評価してから，次の目標を示すことが大切である。
○ノートチェックの際，はじめに児童生徒のよく書けたところに注目し，コメントに加えてよく取り組めた箇所を焦点化する。次にもう少し意識してほしい箇所のコメントをする。

　児童生徒のよい部分，頑張ったところを見つけることほど前向きなことはありません。ぜひ児童生徒のよい姿を見つけ，それを返していきましょう。

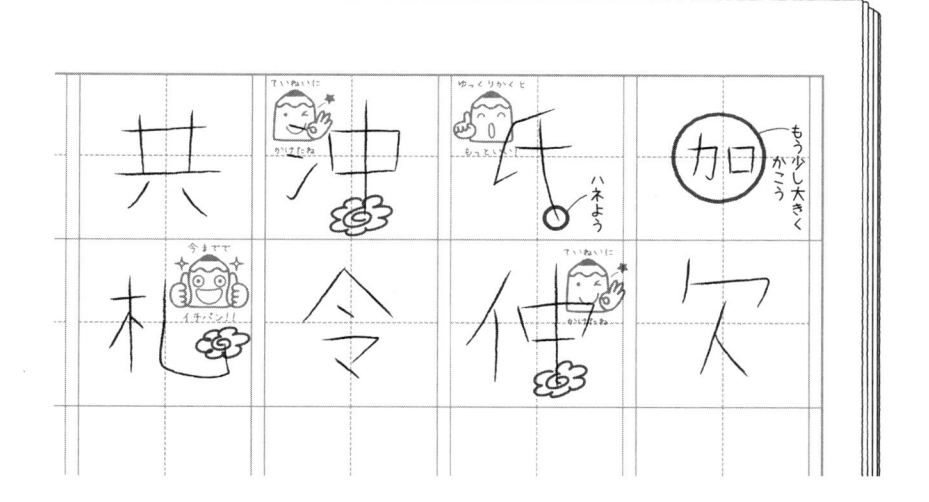

Point 💡
特によく書けた文字にフィードバックする。

合理的配慮の観点

| 教育内容 | ▶ 学習上又は生活上の困難を改善・克服するための配慮 |
| | ▶ 学習内容の変更・調整 |

教育方法	▶ 情報・コミュニケーション及び教材の配慮
	▶ 学習機会や体験の確保
	▶ 心理面・健康面の配慮

できるための道筋を見つける
実態把握と手立ての検討

> 　「数唱が難しい」「繰り上がりのある計算が難しい」などの数に関する実態についても，どのような課題で難しさが見られるか，教師がどのように関わることで課題に取り組むことができるかなどを整理することが大切です。数唱はまずは教師の後に続けて唱える，繰り上がりのある計算は教師と一対一で手順を確認しながら計算するなど，具体的な関わりなどの手立てを検討することで，少しずつ理解を促すようにします。

ねらい

○子どもの実態と教師の具体的な関わりを整理することで，支援方法を明確にする。

考え方

○どこまで理解できていて，どこから個別の支援が必要かを考え，実際の支援に繋げる。全体指示では十分に理解できなかったり，計算方法などを間違って理解していたりする場合もあるので，はじめに手順を確認し，次に課題に取り組むというような流れを整理することも考えられる。

　実態把握を丁寧に行い，具体的な手立てを考えることは，私たち指導者の支援の引き出しを増やすことにも繋がります。まずは子どもの姿を整理することから始めてみましょう。

どこまで子供が理解できているかを整理する。

どのような支援が必要かを考え，実際の支援に繋げる。

合理的配慮の観点

教育内容	▶ 学習上又は生活上の困難を改善・克服するための配慮
	▶ 学習内容の変更・調整

教育方法	▶ 情報・コミュニケーション及び教材の配慮
	▶ 学習機会や体験の確保
	▶ 心理面・健康面の配慮

計算する

2 苦手意識を大きくさせない
早期支援やフォロー

　数や計算はある程度のきまりや手順があり，問題解決の方法がわかると進んで課題に取り組むことができる内容でもあります。また，最初の「わかった・できた」という経験が「好き・得意」に繋がり，数や計算への興味関心が深まっていきます。一方で，きまりや手順は見えにくかったり複雑だったりします。そのため子ども一人一人によって，どこでわからない状況になっているか異なります。少しのわからない・できない経験が大きくなる前に，理解を促すような支援をすることが大切です。そのために，一緒に手順を確認しながら取り組むなど個別の支援や指導の工夫を行うようにします。

ねらい

○実態把握や課題に応じた支援等を通して，数や計算の内容がわかり進んで取り組むことに繋げる。

考え方

○個別の実態に応じた個別のフォローを早期に行うことで，数や計算への苦手意識を低減し，課題に取り組もうとする姿に繋げる。

　子どもがどこに困難を感じているかを理解することに努め，早期の支援やフォローを行うようにします。

Point 💡
わからない・できない経験が重なる前に
個別に支援を行う。

合理的配慮の観点

教育内容
▶ 学習上又は生活上の困難を改善・克服するための配慮
▶ 学習内容の変更・調整

教育方法
▶ 情報・コミュニケーション及び教材の配慮
▶ 学習機会や体験の確保
▶ 心理面・健康面の配慮

計算方法が見てわかる
ワークシートの工夫

> 「計算方法を理解することができるように，手順を繰り返し伝えながら問題に取り組む」というように，直接の教示を通して子どもの理解を促す指導もありますが，他の指導方法を考えることで子どもたちへの関わりは広がったり深まったりしていきます。例えば「計算方法を視覚的に示したシートを準備し，子どもの様子に応じてシートの確認を促しながら問題に取り組むようにする」ということが考えられます。

ねらい

○シートを活用することで，計算の手順を見てわかるようにする。
○進んで課題に取り組むことができるように，必要に応じてシートを参照しながら取り組むように促す。

考え方

○複雑な情報を捉える時には，聞くことと見ることを組み合わせた手立てを行う。

　具体的な手立ての活用を通して，子どもが必要に応じて手立てを確認しながら取り組むようにすることで，教師からの直接の教示がなくても自分でわかる・できる状況に近づけていくことが大切です。

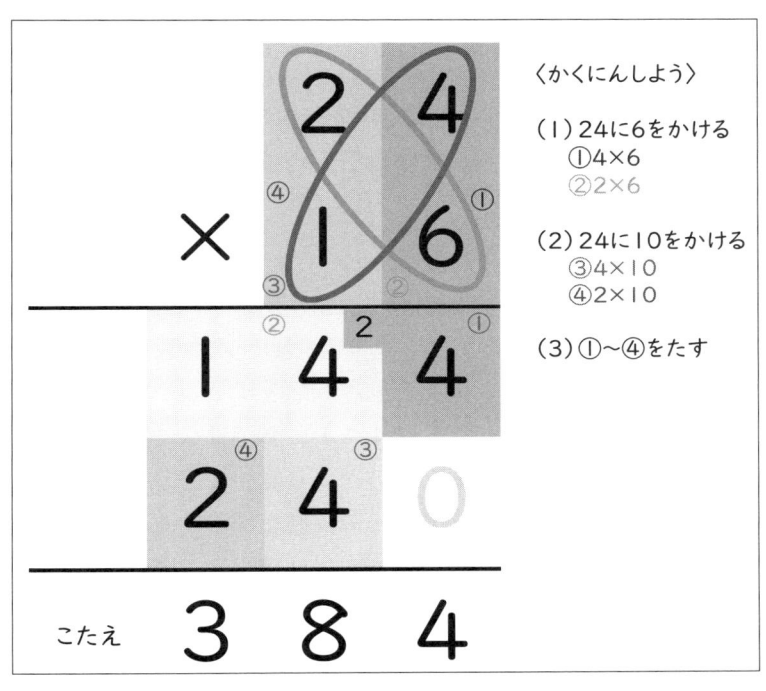

〈かくにんしよう〉

（1）24に6をかける
　①4×6
　②2×6

（2）24に10をかける
　③4×10
　④2×10

（3）①〜④をたす

例：2けたのかけ算のワークシート

Point 💡

計算の手順を見てわかるようにする。

合理的配慮の観点

| 教育内容 | ▶ 学習上又は生活上の困難を改善・克服するための配慮
▶ 学習内容の変更・調整 |

| 教育方法 | ▶ 情報・コミュニケーション及び教材の配慮
▶ 学習機会や体験の確保
▶ 心理面・健康面の配慮 |

4 「できた」「わかった」を積み重ねる
段階別の課題設定や提示の工夫

　子どもの理解度に応じて複数段階の課題が用意されていることで，一人一人が「できた」「わかった」をより実感し，次も意欲的に取り組もうとすることに繋がります。例えば基礎問題とチャレンジ問題の設定もその1つです。ただし，基礎問題も1つの段階ではなく徐々にステップアップできるような段階性があった方がより実態に応じて学習を進めることができます。また一度にたくさんの課題を提示するよりも，小分けにしながら提示する方が，課題1つ1つに注意を向けて取り組むことに繋がりやすくなります。

ねらい

○複数段階の課題を準備することで，実態に応じて取り組みやすくする。

考え方

○課題が複数ステップに分かれていることで，少しずつ理解を深めながら学習することができる。
○問題は少しずつ提示して取り組めるようにし，その後に全体や個別に確認するような流れにすることで，より主体的に学習する姿に繋げる。

　子ども同士で教え合う活動設定も大切ですが，常に教える・教えられるのではなく，段階的な課題設定も組み合わせながら取り組めるようにします。

スモールステップとは？

　例えば、「目標を細分化して、小さな達成を積み重ねることで最終的な目標に至るプロセス」と説明することもできます。

　また、ある目標に対して本人が「分かった」「できた」といった達成感や充実感を感じながら段階的に経験を積み重ねていくことで、最終的にはその目標に対して自分でできるようにする関わり方、などとも説明することもあります。

〈特別支援教育で大事にしていること〉

　イメージとしては、階段のように目標を複数のステップに分けて、1段ずつステップアップしていくことです。＝手立て

　また、1段ずつ上がる際には場合によっては手すりなどの追加の手立ても活用することでより、安全に安心して課題に取り組むことができます。

Point 💡

算数・数学では，基礎問題とチャレンジ問題を設定するなどスモールステップで課題に取り組めるようにする。
基礎問題の中でも徐々にステップアップできるように段階を設けるとなおよい。

合理的配慮の観点

| 教育内容 | ▶ 学習上又は生活上の困難を改善・克服するための配慮 |
| | ▶ 学習内容の変更・調整 |

教育方法	▶ 情報・コミュニケーション及び教材の配慮
	▶ 学習機会や体験の確保
	▶ 心理面・健康面の配慮

5　安心して計算問題に取り組むことに繋げる
机間巡視・机間指導の考え方

　　子どもたちが授業に前向きに参加するためには，私たち教師の関わり方が重要です。子どもたちが安心感をもって授業に臨めることで，主体的な授業に繋がっていきます。例えば「わからない時は先生に教えてね」と伝えてから一人一人が計算問題に取り組む場面があります。全体への言葉かけで十分な子どももいれば，「先生に聞きたいけど，聞けない…」といった思いを抱いている子どももいます。机間巡視をしながらさり気なく子どもの様子を見て，必要に応じて机間指導に繋げるようにします。

ねらい

○働きかけを通して，状況に応じて個別に支援できるようにする。

考え方

○子どもが「わからない時は先生が教えてくれる」という安心をもつことを第一にする。後から教師が「わからない時は先生に聞いてと言ったよね」と注意するよりも，まずは教師側から事前に働きかけながら，少しずつ子ども自ら教えてほしいという合図を出せるようにしていく。

　　最初から支援や指導がない状況で課題に取り組むのではなく，教師側からの働きかけを徐々に減らしながら子ども自ら取り組むことができるようにする指導や支援の工夫が大切です。

算数・数学では，一人で計算問題などに取り組むことが多い
からこそ机間巡視・机間指導が大切である。

Point 💡

教師側から事前に働きかけることで，「わからない時は先生が教え
てくれる」と安心感のある空気を生み出す。その上で少しずつ子ど
も自ら教えてほしいという合図を出せるようにしていく。

合理的配慮の観点

教育 内容	▶ 学習上又は生活上の困難を改善・克服するための配慮 ▶ 学習内容の変更・調整
教育 方法	▶ 情報・コミュニケーション及び教材の配慮 ▶ 学習機会や体験の確保 ▶ 心理面・健康面の配慮

【著者紹介】

佐藤　義竹 （さとう　よしたけ）

筑波大学附属大塚特別支援学校 研究主任・教務主任・特別支援教育コーディネーター。近著は『発達が気になる子の「できた！」を引き出す　教師の言葉かけ』（学陽書房,2024）や『発達障害の子のためのできる道具』（小学館,2023）など。自己選択や意思の表明をキーワードにした『すきなのどっち？』『トライゲーム　やってみたいのはどっち？』（いずれも tobiraco）などの教材も開発。

通常の学級　苦手さのある子への
学びのサポートツール＆アイデア

2025年3月初版第1刷刊 ©著　者	佐	藤	義	竹
発行者	藤	原	光	政

発行所 明治図書出版株式会社
http://www.meijitosho.co.jp

（企画・校正）江﨑　夏生

〒114-0023　東京都北区滝野川7-46-1
振替00160-5-151318　電話03（5907）6701
ご注文窓口　電話03（5907）6668

＊検印省略　　　　　組版所 日本ハイコム株式会社

Printed in Japan　　　　ISBN978-4-18-323026-3

もれなくクーポンがもらえる！読者アンケートはこちらから